Kurt Pahlen

# *Es gibt keine unmusikalischen Kinder!*

Die Entwicklung der natürlichen Musikalität
in den ersten Lebensjahren
oder
Eine echte musikalische Früherziehung.

Mit 50 musikalischen Beispielen.

Fotos:
Umschlag-Vorderseite: B. Maerki, Winterthur
Umschlag-Rückseite: P. Zwahlen, Lenk
F. Rausser, Bolligen:
S. 2, 10 ,13, 24, 36, 52, 61, 68, 75, 82
P. Zwahlen, Lenk:
S. 6, 9, 16, 19, 28, 32, 40 ,42
Tollinger, Klagenfurt
S. 87

Alle Lieder, bei denen kein Autor angegeben ist,
sind von Kurt Pahlen.

© Orell Füssli Verlag Zürich und Wiesbaden 1989

Satz: B & K Offsetdruck GmbH, Ottersweier
Druck und Einband: Echter, Würzburg
Printed in Germany
ISBN 3 280 01889 7

# Inhalt

# «Musikalität» – Ein vieldeutiger Begriff

Natürlich weiß jedermann, was «Musikalität» bedeutet, – oder doch nicht? Oder nicht ganz genau? Es ist anzunehmen, daß dieser freundliche Begriff «musikalisch» schon des öfteren über die Lippen jedes unserer Leser gekommen ist; leider aber steht zu befürchten, daß sie auch das entgegengesetzte Wort «unmusikalisch», das einer Verurteilung, einer Verdammung recht nahe kommt, schon ausgesprochen haben. Spätestens am Ende dieses Buches sollten wir es endgültig aus unserem Vokabular verbannt haben. Denn es drückt etwas aus, was es nach unserer Meinung im Grunde gar nicht gibt: das völlige Fehlen jeder Beziehung zur Musik. Wer wollte so etwas von sich, wer dürfte das von anderen Menschen behaupten, ohne es gründlichst geprüft, erprobt zu haben?

Noch für unsere Großväter war der Gedanke, es gebe «musikalische» und «unmusikalische» Kinder (also in der Folge dann auch: unmusikalische Menschen) etwas völlig Natürliches, Naturgegebenes. Musikalität war eben ein «Talent», das man hatte oder nicht hatte. Allerdings anerkannte man seit jeher, daß Musikalität zu besitzen etwas Gutes, Schönes, sogar Beglückendes sein konnte. Glücklich die Menschen, in deren Leben die Musik eine Rolle spielte: sie konnte Einsamkeiten überwinden, Trost bieten, Lebenskraft spenden, Kommunikation von Mensch zu Mensch herstellen. Das alles

war richtig, ist richtig und gilt heute noch wie einst. Moderne Erkenntnisse könnten sogar noch manches hinzufügen: Musik trägt in hohem Maße zur Ausgeglichenheit der menschlichen Persönlichkeit bei, sie stellt eine gewichtige Grundlage der körperlichen, geistigen und seelischen Gesundheit dar, sie überwindet Angstzustände, an denen in unserer Epoche so viele Menschen leiden, sie kann wesentlich bei verschiedensten Therapien herangezogen werden, sie bildet ein unerläßliches Instrument der Völkerverständigung. Aber auch: sie kann, unrichtig angewendet, negative Reaktionen schlimmster Sorte hervorrufen: Hysterien, Psychosen, Willensschwächungen, Erkrankungen geistiger, seelischer und damit zuletzt auch körperlicher Art, Aufruhr, Krieg, Diktatur, Tyrannei.

Es versteht sich von selbst, daß unser Buch den Weg zur Nutzung der guten Eigenschaften der Musik zeigen will. Aber es wird sich an den gegebenen Stellen auch nicht scheuen, Gefahrenquellen aufzuzeigen, – die übrigens keineswegs «neue» Entdeckungen bilden. In uralten Chroniken, Sagen, Legenden, Geschichtsbüchern ist ab und zu von Einwirkungen der Musik die Rede, die sowohl positiv wie negativ sein können. Auf der einen Seite: Orpheus, zum Symbol aller Schönheiten der Musik geworden und so herzbewegender Töne mächtig, daß «wilde»

Tiere sich ihm friedlich nahen, um zu seinen Füßen zu ruhen, daß selbst die «unbelebte»* Natur sichtbar von seiner Stimme und seinem Spiel ergriffen wird und daß – ein einmaliger Fall auf Erden – die Götter das eherne Gesetz des Todes, also der Zeit, außer Kraft setzen, um seine geliebte, jungverstorbene Eurydike aus dem Totenreich zurückkehren zu lassen. Auf der anderen Seite: Es ist an vielen Stellen alter Schriften und Überlieferungen die Rede von Musik, deren Wirkung zu Aufständen, Entflammung grausamer Triebe – zur sogenannten «Kriegsbegeisterung» – fanatischer Handlungen ausgenützt wurden. Die Zusammenhänge zwischen Revolution und Musik, Diktaturen und Musik, Unterjochungen und Musik ziehen sich durch die Jahrtausende. Zum Glück aber überwiegen die positiven Fähigkeiten und Eigenschaften der Musik so stark, daß ihre Erweckung im Kinde ohne jeden «Mißton», ohne gewaltsame Abweichung möglich, ja selbstverständlich ist. Im Kinde: das heißt in jedem Kinde. Denn Musik ist kein Talent, das Auserwählten in die Wiege gelegt wird, sondern eine der vielen Gaben und Eigenschaften, die jedem Kind zugeteilt wurden, von Geburt an – oder noch viel früher. Daß auch diese Gabe, wie so manche andere, in besonderen Fällen die Stärke eines Talents, ja eines Genies erreichen kann, versteht sich angesichts der Unerforschlichkeit der menschlichen Natur von selbst. Für Talente und Genies gelten andere Regeln als die, welche wir hier anführen können, – beziehungsweise überhaupt keine. In unserem

Buch soll von den «normalen» Kindern die Rede sein; daß gerade im Bezug auf die Musikalität auch nahezu alle kranken und behinderten Kinder inbegriffen sind, soll später ausdrücklich behandelt werden. Selbst einem tauben, taubstummen, geistig oder psychisch gestörten Kind muß das «Wunderland Musik» nicht verschlossen bleiben (wenn ich hier den Titel eines meiner Kinderbücher zitieren darf, den ich auch gern bei Rundfunk- und Fernsehsendungen verwende). Ja, gerade bei solchen Kindern kann die lebenspendende Funktion der Klangwelt mitunter besonders klar nachgewiesen werden.

Das von wahren Erziehern geforderte «Menschsein» verlangt die vollkommene und gleichmäßige Ausbildung aller drei Bereiche, die dem Menschen zugeteilt sind: Körper, Geist, Seele. Keiner dieser drei ist wichtiger als die anderen, keiner weniger wichtig. Der «vollkommene» Mensch hat das Gleichgewicht aller drei erreicht. Sie sind auch zur Ausbildung der Musikalität nötig. Und umgekehrt ist die Musik imstande, dem Menschen das ersehnte Gleichgewicht zu geben: zu *mens sana in corpore sano* – dem gesunden Geist in einem gesunden Körper – auch noch die *anima sana*, die gesunde Seele.

Ja, gerade mit der Seele beginnt unser Buch. Für das Kind ist Musik, ist die Klangwelt lange Zeit hindurch eine Wahrnehmung des Gefühls, der Empfindung, also der Seele. Erst dann kommt der Körper dazu, mit dem es aktiv zur Musik gelangen wird, und zuletzt der Geist, im Maße, in dem sein Verstand sich entwickelt. Das Gefühl, also die Seele, ist in jedem Kind vorhanden; und das

---

* Es sei auf die Anführungszeichen bei «wilden» Tieren und «unbelebter» Natur nur nebenbei hingewiesen. Der Autor glaubt an beides nicht.

nicht erst vom Augenblick seiner Geburt an, sondern längst vorher im Mutterleib. Wenn man unsere Ahnen fragte, wann eine «Musikerziehung» (wie man sie damals zumeist verstand: als Instrumentalunterricht oder Mitwirkung in einem Kinderchor) beginnen solle, so antworteten sie wohl: bald nach Schuleintritt. Heute erscheint uns eine «musikalische Früherziehung» als selbstverständlich; die Frage ist manchmal nur, ob man sie mit 5, 4 oder gar 3 Jahren beginnen will. Dabei ist selbst das viel zu spät! Unsere Antwort, eindeutig und klar, lautet: wahre musikalische Erziehung beginnt bei der Geburt. Ja, wir fühlen uns dazu getrieben vorzuschlagen: lange vor der Geburt, im Mutterleib. Damit aber wendet sich unser Buch zwar auch an Volksschul-, Grundschul- und Primarlehrer-innen, mehr noch an Kindergärtnerinnen oder Kindergärtner, vor allem aber an die Eltern. Ihnen allein sind die ersten Schritte ihres Kindes auf allen Gebieten anvertraut, auch auf dem völlig natürlichen seiner Entwicklung in musikalischer Beziehung. (Wer erzieht die Eltern zur Musikalität? Das mag heute eine heikle, vielleicht sogar unangenehme Frage an viele sein, aber für die nächste Generation sollte dieses Problem nicht mehr bestehen, wenn einmal die Richtlinien der heutigen Erkenntnisse befolgt sein werden.)

Was ist Musikalität? So begann unser Buch, und nichts weiter wurde bisher darüber ausgesagt, als daß dies ein «vieldeutiger Begriff» sei. Es ist an der Zeit festzustellen, was wir darunter verstehen wollen. Nach unserem Empfinden sollten wir vielleicht zuerst zwei Arten der Musikalität unterscheiden, die nichts mit ihrer «Qualität»

zu tun haben: die «aktive» und die «passive». Das aktiv musikalische Kind wird es früh zur Selbstbetätigung auf musikalischem Gebiet drängen, es wird frühzeitig singen, alle erdenklichen Dinge in «Instrumente» verwandeln, überraschend früh Rhythmen oder Musikkapellen «mitdirigieren» usw. Das passiv musikalische Kind wird «nur» Freude an der Musik äußern, Lust bei ihrem Hören (eventuell Unlust, wenn irgendetwas am Gehörten nicht mit seinen Wünschen oder Neigungen übereinstimmt). Mag sein, daß man diese Gruppe früher einmal als «unmusikalisch» eingestuft hätte. Denken wir diesen Gedanken aber zu Ende, so bestünde ein großer Teil unseres Publikums in Konzert und Oper aus «unmusikalischen Menschen», – ein schlimmer Gedanke ...

In diesem Zusammenhang soll auch sofort eine wichtige Feststellung gemacht werden: der Zweck der von uns vorgeschlagenen Musikerziehung ist es keineswegs, Musiker heranzuziehen. Eine Welt voll Musikern, – auch das ist ein Gedanke, der, weitergedacht, eine vollständige Veränderung unseres Musiklebens zur Folge hätte. («Doch sag' ich nicht, daß das ein Fehler sei», heißt es in Wagners «Meistersingern von Nürnberg», wenn auch in anderem Zusammenhang). Was wir anstreben, ist die Entwicklung eines eigenen musikalischen Empfindens in jedem Menschen. Denn es gibt annähernd so viele Möglichkeiten wie Menschen. Die Musikalität ist also etwas Individuelles, und darin liegt ein Teil ihres Reizes. Dieses individuelle Musikempfinden zu entwickeln, ist eine der Aufgaben der Musikerziehung.

Die Musikerziehung bringt, richig verstanden, beides hervor: den Musiker und den Musikliebhaber, den «Profi» und den Amateur, den Meister und den Musikfreund. Beide gemeinsam bilden unsere Musikwelt. Kinder, die sich als «passiv» musikalisch erweisen (was sie noch lange nicht vom gemeinsamen Singen ausschließen darf), sind uns ebenso wichtig, wie die «aktiven».

Innerhalb der «aktiven» aber gibt es nun wieder verschiedene Gruppen. Die einen singen gut, verblüffen schon in frühesten Jahren durch saubere Intonation und verständnisvolle Wiedergabe, andere verfügen über diese Gabe nicht in gleichem Maße oder überhaupt nicht, zeichnen sich dafür aber in rhythmischer Hinsicht besonders aus. Wir werden später von «melodischen» und «rhythmischen» Veranlagungen sprechen. Nicht minder vielfältig – ja eher mehr – ist die Gruppe der «passiv» Musikalischen. Es gibt zahllose Arten des Hörens, des Genießens, des Miterlebens.

Welchem Typus auch immer ein Kind zugehören mag, das «Wunderland Musik» steht allen offen, ohne Ausnahme. Treten wir ein!

# Die Sünden der Väter

Unsere Vorfahren haben unter Musikalität nur eine besondere Gabe und Fähigkeit für die tönende Kunst verstanden. Und haben entsprechend gehandelt: vielleicht ließ ihnen das übermächtig hereinbrechende Zeitalter des technischen Fortschritts gar keine andere Wahl, als den größten Teil ihrer Aufmerksamkeit und Kräfte auf dieses Gebiet zu verlegen. Um der bald erkannten Einseitigkeit der Entwicklung entgegenzuwirken, wurde der Ausbildung des Körpers erhöhtes Gewicht beigemessen. Das erstere führte zu einer übermäßig technisierten Welt, in der die Schärfe des Verstandes den obersten Stellenwert einnehmen mußte, das zweite zur heutigen Massenpflege des Sports und der übertiebenen Bewertung seiner Spitzenleistungen. Darüber geriet der dritte Grundpfeiler des menschlichen Wesens in immer stärkere, immer gefährlichere Vernachlässigung: die Seele. Und mit der Seele alles, was dort seinen Sitz hat, – so auch die Musikalität.

Die wurde nur noch beachtet, wenn sie ebenfalls «Spitzenwerte» erreichte, Rekordleistungen aufwies. Wer Chopins «Minutenwalzer» in 58, in 54 Sekunden auf dem Klavier herunterspielte, wer den Schlußtriller einer Opernarie (etwa der Gilda im «Rigoletto») am längsten durchhielt, wer den kleinen Finger der linken Dirigentenhand am elegantesten spreizte, der «galt» und wurde hoch bezahlt. Die Zeit ist reif, mit solchen unsinnigen Äußerlichkeiten Schluß zu machen; die ersten kräftigen Symptome sind dafür schon überall zu bemerken.

Eigentlich müsste man nur weit in die Vergangenheit zu blicken. In des kleinen Griechenlands größter Stunde schrieb Platon ausgiebig und sehr interessant über Musik. Ihn fesselte vor allem deren soziale Seite, – die gerade uns heute wiederum sehr wichtig erscheint. Er beschäftigte sich mit der Rolle der Musik in der Erziehung des künftigen Staatsbürgers. Da stehen Grundsätze, die gerade für den heutigen Pädagogen wegweisend sein müßten. Besonders hervorgehoben sei – für den Zweck unseres Buches – daß der griechische Philosoph niemals eine Unterscheidung zwischen «musikalischen» und «unmusikalischen» Menschen macht, da er eine solche Trennung offenbar nicht kennt. Wenn er, der so viel mit Musik zu tun hatte, sie aber nicht kannte, dann gab es sie wahrscheinlich nicht.

Unser Buch beschäftigt sich mit der Abschaffung dieser so verhängnisvollen Unterscheidung. Von vornherein möchte ich betonen, daß ein ebensolches Buch vielleicht zur Abschaffung des Begriffs von «zeichnerisch unfähig», von sozusagen «unmalerisch» geschrieben werden könnte (oder vielleicht schon geschrieben wurde). Denn für uns gehört alles «Musische» zu den Grund-

anlagen des Menschen – natürlich in stark verschiedener Dosierung. Unser Buch ist also ein im tiefsten Grunde «musisches». Mehr: ein «humanistisches» Buch. Das bedeutet sicher nicht, daß es ein – in der Ansicht mancher heutiger Menschen – «verstiegenes» Buch sein soll, gar ein «weltfremdes», ein «unpraktisches» (wenn man dieses Wort als Gegensatz zu den heute so hoch im

Kurs stehenden «praktischen» Fertigkeiten nehmen will), vielleicht ein «theoretisches». Nichts von alledem ist es. («Der irrte wohl, wer darauf riet», um abermals Wagners so zitatfähige «Meistersinger» anzuführen.) Es ist ein eminent «praktisches» Buch, ein Leitfaden geradezu, um jedem Kind den Zugang zum «Wunderland Musik» und damit zu einer Fülle von Freuden und Erlebnissen zu

13

öffnen. Die «Welt ist voll Musik» – so lautet die Anfangszeile eines alten englischen Volksliedes («There's music in the air», was ich in meiner Übersetzung in obigem Sinne gedeutet habe).

Es gibt so vieles, was Unglück über Menschen bringen kann. Für mich gehört dazu, ein Kind als «unmusikalisch» zu bezeichnen, nur weil es einem fachlich wie seelisch falsch angelegten Test nicht standhält. Denn mit diesem zumeist oberflächlichen und bei näherer Prüfung fast nie haltbaren Urteil schließt man es für immer von unzähligen Freuden des Lebens aus. Man schlägt ihm ein Tor, durch das es so gerne gehen möchte, vor der Nase zu. Wir aber wollen es weit öffnen, für alle Kinder der Erde.

Vor über einem halben Jahrhundert wohnte ich, als blutjunger Wiener Musiker einem Musikpädagogischen Kongreß in Prag bei. Es wurden Referate gehalten, die von Theorie trieften und die mir, der ich schon einige Jahre mit Chören und vor allem auch Kinderchören arbeitete und viele eigene Erfahrungen gesammelt hatte, entsetzlich wirklichkeitsfremd vorkamen. Da ich vor allem in Wiens Arbeiterbezirken tätig war, wo (damals) von «Musikkultur» noch keine Rede sein konnte, suchte ich instinktiv gerade die sozial benachteiligtesten Kinder am stärksten zu fördern und hatte dabei meine nicht uninteressanten ersten Erkenntnisse gewonnen. Sie widersprachen zum Teil völlig manchen in Prag vorgetragenen Thesen. Und als einer der Redner soeben wieder den mich damals schon stoßenden Unterschied zwischen «musikalischen» und «unmusikalischen» Kindern in den Mund nahm, tat ich den (wahrscheinlich einzigen) Zwischenruf meines Lebens: «Es gibt keine unmusikalischen Kinder!» Höhnische Erwiderungen wurden mir zuteil, soweit sich überhaupt jemand um den jungen Frechdachs kümmerte. Damals ahnte ich, heute weiß ich, daß ich mit meinen Worten in die richtige Richtung vorstieß. Seitdem habe ich dieser eigentlich noch halb unbewußt vorgebrachten Auffassung immer intensiver nachgelebt. Jeder der in diesem Buch niedergelegten Gedanken ist tausendfach von mir erprobt und nie widerlegt worden.

Übrigens trägt auch die neuere Musikwissenschaft dieser Idee – zögernd und ein wenig unsicher, aber doch – teilweise Rechnung. Das große Umdenken scheint begonnen zu haben. Ich will keine der alten Definitionen zur «Musikalität» anführen; sie waren in ihrem Zeitgeist befangen und ihre Erfahrungen reichten kaum über die wohlhabendere, etablierte Mittelschicht hinaus, in der man die Kinder, zur Ergänzung der Kultur, Klavierlernen ließ und zweimal jährlich in Konzerte oder in die Oper führte. Dem Gemeinschaftsgedanken, zu dem die Musik geradezu herausfordert, trug man in Chören – Männerchören vor allem – Rechnung, deren Teilnahme aber an eine Stimm- und Musikalitätsprüfung gebunden war. Niemand schien noch daran zu denken, die Musikalität als Gemeingut zu betrachten. Sie war ein besonderes Gut, eine Gabe, die wie alle Gaben nur den Privilegierten, den Glückskindern in den Schoß fiel. Keine böse Absicht war dabei, aber diese Praxis führte zu viel, wenn auch zumeist unbemerkt bleibendem Unheil.

Unser Jahrhundert, das bekanntlich «alles in Frage stellt», läßt auch auf diesem Gebiet die alten Theorien nicht bestehen. Der in Ungarn geborene Musikpsychologe Géza Révesz, der in der Zwischenkriegszeit zu mancher neuen Erkenntnis kam, schreibt: «Unter Musikalität im allgemeinen sind das Bedürfnis und die Fähigkeiten zu verstehen, die autonomen Wirkungen der Musik zu erleben und die musikalischen Äußerungen auf ihren ästhetischen Wert (Gehalt) hin zu beurteilen.» Mit der ersten Aussage können wir uns identifizieren: das Bedürfnis und die Fähigkeit, Musik zu erleben, sind die Grundlagen dessen, was auch wir als Musikalität ansprechen wollen. Hingegen zweifeln wir daran, daß auch die Gabe, «die musikalischen Äußerungen auf ihren ästhetischen Gehalt oder Wert hin beurteilen zu wollen» unbedingt zur Musikalität gehören müsse. Dies wird in zahllosen Fällen zuviel verlangt sein, denn hierzu gehören Schulung, Erfahrung, eine gewisse geistige Schärfe und Reife, die mit unserer Auffassung von Musikalität nicht das mindeste zu tun haben müssen.

Zitieren wir noch einen namhaften Musikwissenschaftler der gleichen Epoche, Ernst Bücken: «Musikalität bezeichnet keineswegs die Fähigkeit, Musik auszuüben, sondern das vielseitig abgestufte Aufnahmevermögen für jede, auch primitivste musikalische Äußerung aller Art. Diese Definition umschließt die Empfänglichkeit für jede irgendwie geartete geistige Ordnung von Tönen und verweist den ‹unmusikalischen› Menschen in das Reich der Pathologie.» Der Autor kommt hier unserer Auffassung der Musikalität schon recht nahe, er nennt sogar den «Unmusikalischen» einen krankhaften Fall, was das normale Vorhandensein von

Musikalität in jedem Kinde voraussetzt. Doch auch hier möchten wir uns gegen einen Punkt der Aussage wenden: ist das Erfassen einer «geistigen Ordnung von Tönen» unerläßlich, um einen Menschen oder gar ein Kind als «musikalisch» einzustufen? Wir werden sehen, daß es sich beim Erwachen der Musikalität im Kleinkinde sehr oft um einfachste Klänge handelt, die erlebt werden, bei denen von einer «geistigen Ordnung der Töne» überhaupt noch keine Rede sein kann. Auch die Musiktherapie arbeitet, wie wir erwähnen werden, kaum mit einer solchen «Ordnung», sondern viel häufiger mit einzelnen Klängen, deren Erlebenkönnen es uns verbietet, solchen Patienten die Qualifikation «musikalisch» abzuerkennen.

Doch ein halbes Jahrhundert später (1982) lesen wir im «Musik-Brockhaus», einem bedeutenden Lexikon, folgende uns teilweise nachdenklich stimmenden Erklärungen: «Begabung, musikalische Begabung, Musikalität, gründet sich in einem Komplex von Fähigkeiten, über die der gesund entwickelte Mensch verfügt. Nichtsingenkönnen erweist sich häufig als physischer Defekt der Kehlkopfmuskulatur und nicht, wie irrtümlicherweise angenommen, als Unmusikalität (siehe Amusie). Zu den wesentlichen Komponenten der musikalischen Begabung zählen das musikalische Vorstellungsvermögen und -gedächtnis, das rhythmische Empfinden und das Erfassen von musikalischen Strukturen. Nur bedingte Gradmesser sind das ‹absolute› oder das ‹relative› Gehör, als besonders ausgeprägtes Unterscheidungsvermögen der Tonhöhen. Die musikalische Begabung wie auch ihre Einzelfaktoren sind weitgehend erblich ...» Schlagen wir, wie angegeben, unter «Amusie» nach, so lesen wir: «Amusie (griechisch), die Unfähigkeit, musikalische Zusammenhänge zu erfassen, besonders Tonfolgen wiederzugeben (motorische Amusie) oder zu erkennen (sensorische Amusie), obwohl alle Organe (Muskeln, Nerven, Kehlkopf, Ohr) gesund sind; selten Symptom eines Schadens der Gehirnrinde.» Man kann demnach also «motorisch» oder «sensorisch» unmusikalisch sein! Daß aber die sogenannte Unmusikalität in mehr als 90 % der Fälle nur eine nicht vorhandene oder fehlerhafte Entwicklung der jedem Menschen angeborenen Musikalität ist, darauf kommen Theoretiker und Wissenschaftler aus Mangel an Erfahrung und Praxis nicht einmal ...

Ein in vielen Belangen verdienstvolles «Lexikon der Musikpädagogik» aus dem Jahre 1984 geht interessanterweise einer Definition der Musikalität überhaupt aus dem Wege. Vielleicht konnten seine Autoren sich durch das Fehlen wissenschaftlich fundierter Gesetze nicht auf eine selbständige Beantwortung dieser Frage einigen, die für viele immer noch eine heikle ist. Unsere einfachste Erklärung lautet: Musikalisch ist jeder Mensch, der durch Einwirkungen aus der Klangwelt körperlich, geistig oder seelisch beeindruckt, bewegt, motiviert werden kann. Wer diesen Satz durchdenkt, erkennt sehr bald, daß er nur noch ganz wenige Menschen zuläßt, die «unmusikalisch» wären. Und noch weniger im kindlichen, im frühesten Lebensstadium. Wir gehen mit Bücken einig: das sind «pathologische» Fälle, Kranke im körperlichen, geistigen oder seelischen Bereich. Zahllose neueste Versuche aber zeigen, daß auch deren «Unmusikali-

tät» nicht definitiv sein muß, – und daß gerade die Musik ihren Zustand bessern, vielleicht heilen kann. Viele «alte Sünden» lasten auf dem Gebiet der Musikerziehung. Es wäre endlich an der Zeit, mit ihnen für immer aufzuräumen.

16

# Früheste Symptome der Musikalität

Der Gedanke, zur Musik müsse man «berufen» sein, gilt uns als veraltet. Natürlich bedarf es einer besonderen Begabung, um Sänger, Pianist, Geiger, Dirigent zu werden. Aber nicht jedes Kind, das seinen Gehapparat normal und vernünftig entwickelt, wird 100 Meter-Sprinter oder Marathonläufer. Nicht jedes Kind, das normal und möglichst gut sprechen lernt, wird Redner oder Schauspieler. Sie wollen es zumeist gar nicht, sie sollen es nicht. Es ist nicht der Sinn und Zweck ihrer Erziehung. Genau so ergeht es uns mit der Entwicklung der Musikalität. Die «gewöhnliche» Musikalität ist kein Sonderfall, sondern ein jedem Kind in die Wiege gelegtes Gut.

Außergewöhnliche musikalische Begabungen können schon in sehr frühem Zustand ans Licht treten, wie jedermann weiß. Mozarts illustres Beispiel steht (neben vielen anderen, aus denen später vielleicht «nichts» wurde) als Menschheitsmonument vor uns. Dies um so mehr, als es von Rätseln umgeben ist, für das wir keine plausible Erklärung besitzen. Den einzigen Versuch einer Deutung gab mir einst ein indischer Kollege, der gemeinsam mit mir die Wiener Universität besuchte. Er glaubte an die Wiedergeburt, die Re-Inkarnation der Seele in einem neuen Körper nach dem Tode ihrer früheren Hülle. Nun gebe es, so sagte der Inder, auch im grandiosen Gefüge von Natur und Universum gelegentlich einmal eine kleine «Panne», so daß sich das Gesetz, nachdem eine Seele im Übergang zum nächsten Leben alles zu vergessen habe, nicht restlos erfülle. Die Seele vergesse, gewissermaßen, zu vergessen. Und so bringe sie in die neue Existenz Reste früheren Wissens ein: vielleicht war Mozart die Re-Inkarnation eines großen Musikers ... Doch genug der Abschweifung, die uns allerdings zu einem Ratschlag an die Eltern veranlaßt: bitte suchen Sie in Ihrem Sprößling nicht Züge Bachs, Schuberts oder Chopins. Wenn sie vorhanden sind, so werden sie sich sehr bald überzeugend äußern, wenn Sie Ihrem Kind auch nur ein Minimum an musikalischen Entfaltungsmöglichkeiten bieten.

Wir sprechen hier nicht von Genies, ja nicht einmal von besonderen Begabungen. Unsere Fürsorge gilt den «durchschnittlich» Musikalischen und vor allem denen, die man vor nicht langer Zeit noch als «unmusikalisch» bezeichnet hätte. Denn während für die «Talentierten» gesorgt wird, ihnen starke und vielseitige Förderung zuteil wird – wenn auch nicht immer aus selbstlosen Gründen –, kümmert sich um die «Gewöhnlichen», die «Durchschnittlichen», die «Normalen», also um die Allermeisten, kaum jemand. Nicht etwa aus Bösartigkeit, sondern von den falschen Erziehungsmethoden her, die einmal gründlich zu reformieren an der Zeit wäre. Auch in der Musikerziehung, so wie sie zumeist offiziell betrieben wird, gibt es viel zu viele Komplikationen, die sinnlos sind, zu viel Theoretisieren mit kaum noch verständlichen Fachausdrücken. Dies alles soll uns nicht interessieren; die Eltern, an die wir uns in erster Linie wenden, müssen keine Prüfungen ablegen, sie sollen nur Freude an den musikalischen Fortschritten empfinden, die ihre Kinder ohne jede Anstrengung und auf die natürlichste Weise erzielen werden.

Soll unser Buch im pränatalen Zustand einsetzen, also vor der Geburt? Die diesbezüglichen Erkenntnisse sind wohl noch zu dünn gesät, zu unsicher, zu umstritten, um hier «Regeln» geben zu wollen. So viel scheint festzustehen, daß eine musikalische Beeinflussung des Embryos möglich sein dürfte. Denn klangliche Eindrücke gelangen zweifellos in seine Abgeschlossenheit. Aber – wie wirken sie? Vor heftigen Einwirkungen ist unter allen Umständen zu warnen. Also für die werdende Mutter: kein zu hoher Lärmpegel, keine Discos, keine Rockfestivals, keine zu lauten häuslichen Musikapparate, kein länger andauernder Fluglärm, keine Automobilrennen. Wozu hingegen wäre zu raten? «Gute» Musik? Berühmte Sängerinnen stehen nicht selten bis in den vierten oder fünften Monat der Schwangerschaft auf der Bühne – über die langzeitlichen Auswirkungen bei den Kindern gibt es keine Statistik. Üblicher ist es, daß die Mutter in diesem Zustand, der die Aktivitäten ihres Lebens von selbst ein wenig zurückschraubt, sich vermehrt wieder ans Klavier setzt oder die früher gern gespielte Flöte zur Hand nimmt, daß sie von Platte oder Rundfunk öfters Musik hört, wobei es bestimmt die verschiedenartigsten Einflüsse auf das werdende Kind gibt. Dieses kann sich nicht wehren, also gilt es doppelt, dreifach vorsichtig zu sein. Übertrieben laute Musik soll sicherlich vermieden werden. Auch besonders schnelle, besonders heftige Musik? Für den Embryo verläuft alles in geruhsamen Bahnen der Entwicklung, einen seit Urzeiten vorgezeichneten Rhythmus und Gang. Je weniger wir in das Naturgegebene eingreifen, desto besser dürfte es sein. Wenn die Mutter sich ein Kind wünscht, das schon bald nach der Geburt Symptome einer offenkundigen Musikalität an den Tag legen soll, dann kann sie eine derartige Beeinflussung versuchen, stets vorausgesetzt, daß dies in behutsamer, sanfter, allmählicher Weise geschieht. Es ist durchaus denkbar, daß ein Kind, das im Mutterleib viel (ihm angenehme) Musik «gehört», erlebt hat, beim Eintritt ins Leben einen Vorsprung an Musikalität gegenüber jenen Kindern besitzen wird, in deren Vorbereitungsstadium solche Klänge kaum je oder nur sehr selten gedrungen sind.

Nie sollte man vergessen, daß die gesamte pränatale Existenz des Kindes eine «Takt- und Ohrenexistenz» ist. Wollen wir es ein wenig wissenschaftlicher ausdrücken: eine Existenz der niedrigen Frequenzen. Alles, was höhere Frequenzen aufweist, bleibt vorläufig fern oder soll ferngehalten werden: Lichteindrücke, elektrischer Strom, Röntgenstrahlen. Taktile Eindrücke sind kaum zu vermeiden, doch sind sie in normalen Grenzen unschädlich. Der erste dauernde Lebenseindruck verkörpert sich für das werdende Kind im Herzschlag der Mutter. Es dürfte

ein Eindruck sein, der zwischen dem taktilen und dem akustischen Bereich liegt. Seine Bedeutung ist ungeheuer stark und groß. Der Herzschlag mit seinem gleichbleibenden Rhythmus gewährt das erste Lebensgefühl, er vermittelt Sicherheit, Ruhe, Geborgenheit – viel stärker, als absolute Lautlosigkeit dies je vermöchte. Doch auch in «musikalischer» Hinsicht bedeutet dieser Herzschlag viel für das kommende Wesen: es wird mit einem angeborenen Gefühl für Rhythmus auf die Welt kommen. Warum gibt es dann so viele «unrhythmische» Menschen? Das Neugeborene kann bekanntlich auch schwimmen, – und doch gibt es zahlreiche Nichtschwimmer. Was nicht gepflegt wird, verkümmert – hier eine erste Lektion.

Als Hörwesen wird das Kind aus dem Mutterleib entlassen. Ausgestoßen, müßte man fast sagen. Natürlich schreit es, das erste existentielle Angstgefühl hat diesen Schrei verursacht. Die vorherige Geborgenheit ist auf einmal nicht mehr da, und etwas erschreckend Neues ist auf das Neugeborene eingestürzt: das Licht. Von diesem Tage an ist auch auf diesem Gebiet die unser ganzes Leben zeichnende Zweipoligkeit, die Bipolarität vorhanden. Das Kind wird Ohren- und Augenmensch zugleich sein. Nicht in abgewogenem, gleichem Maße, nicht «fifty-fifty» wird dieses Verhältnis sich einpendeln – oder nur in den allerseltensten Fällen –, stets wird einer dieser Faktoren überwiegen. Wird ein Kind mit überwiegender Gehörstendenz eher zur Musik neigen, eine von vorneherein stärkere Musikalität aufweisen als ein «Augenkind»? Neigt ein Mensch, in dem die optischen Eindrücke von Natur vorherrschen, mehr zum graphischen Gestalten, zum Zeichnen, Malen, Modellieren, ein gehörsmäßig stärker entwickelter hingegen mehr zu Rede und Musik? Auch diese Frage ist kaum zu beantworten. Man denke an viele Doppelbegabungen, an gute Musiker, die «nebenbei» sehr gut zeichnen, und an manchen Maler mit auffallenden Beziehungen zur Musik (was sich nicht selten offen in seinen Werken zeigt). Es gibt allerdings auch ganz kraß einseitige «Begabungen»: Maler ohne das mindeste nachweisbare Verhältnis zur Musik, Musiker ohne jedes graphische Vorstellungsvermögen, – aber sie sind selten; zumeist treten solche Einseitigkeiten nur bei stärksten Talenten, ja bei Genies auf, bei denen das gesamte Wesen manchmal völlig eindeutig in eine bestimmte Richtung weist.

Mit dem Eintritt des Kindes in die «Welt» beginnt seine sichtbare Entwicklung: ein jeden Tag erneuertes Wunder. Beginnt auch seine «Erziehung»? Lassen wir dieses so umstrittene Wort beiseite und sprechen wir lieber von «Lenkung». Wir entdecken im Kinde sehr bald auch Züge und Reaktionen, die sich musikalisch deuten lassen. Wir wollen sie, am besten unbemerkt, ein wenig steuern. Unbemerkt vom Kinde selbst, das von Natur aus eine gesunde Dosis Trotz auf die Welt mitgebracht hat. Und die wird es sofort einsetzen, wenn es eine zu deutliche Beeinflussung oder gar Erziehung spürt. Die Lenkungen, die wir im weiteren Verlauf des Buches vorschlagen werden, sollen so beschaffen sein, daß das Kind von selbst nach ihnen verlangen, sie aber niemals als Zwang empfinden wird.

Das sollte nicht schwer zu bewerkstelligen sein, denn ein Gefühl für Klänge ist jedem Kind angeboren. Wir brauchen es also nur mit Musik in Kontakt zu bringen. Wiederum sei geraten: behutsam. Und was bald zum Grundsatz aller unserer Versuche werden wird: mit Geduld, unendlicher, liebevoller Geduld. Ein Gedanke sei hier zum ersten Mal – doch wahrlich nicht zum letzten Mal! – ausgesprochen: So wenig wie nur möglich «mechanische», elektronische Musik, möglichst wenig «Musikkonserven», so technisch vollendet sie und unsere Einrichtungen sein mögen, so große Künstler sie auch in unsere Wohnung zaubern können! Lebendige Musik! Also: wo wir schon längst keinen Unterschied mehr machen, ja die Elektronik – vor allem wegen der Bequemlichkeit und eines falschen Perfektionsbedürfnisses – vorziehen, ist für die kindlichen Musikeindrücke die «lebendige» Musik hundertmal wertvoller.

Und bevor wir zu Instrumenten greifen, entsinnen wir uns, daß die Natur uns allen ein recht schönklingendes, leicht zu handhabendes geschenkt hat: unsere Stimme. Man komme mir nicht mit Einwänden, es sei – in unserem speziellen Falle – gar nicht «schönklingend», und auch kaum so leicht zu handhaben. «Schön ist nicht, was allen gefällt, schön ist, was man lieb hat», lautet ein wundervoller Satz (in Ermanno Wolf-Ferraris letzter Oper «Il campiello»). Wie gut paßt er auf unseren Fall! Die etwas schrille Stimme der Mutter, die leicht krächzende des Vaters werden sehr bald dem kleinen Kind lieber sein als die berühmter Sänger. Also: singen, singen, singen! (Und daran denken, daß in vielen Regionen das Singen zu den selbstverständlichen Dingen der Welt gehört).

In diesem Frühstadium ist es noch recht gleichgültig, was gesungen wird. Es muß auch gar nicht «schön» nach allgemeinen Begriffen sein (siehe oben!). Ja, es muß nicht einmal ein wirkliches Lied sein. Dem kleinsten Kind ist ein ganzes Lied ohnedies zu lang. Es will Töne hören, einzelne vielleicht oder in ganz kurzen Kombinationen von zweien, dreien oder vieren.

Hier ein paar Tonfolgen, wie sie mir gerade einfallen. Sie sollen dem Kleinkind vorgesungen werden. Alltägliches Singen statt Sprechen. Zum Beispiel:

Pa - pi kommt! Pa - pi kommt!

Tap, tap, tap, tap, tap, tap. Un - ser Bin - go* kommt im Trab!

\* Name kann geändert werden
z.B. Uns're Mascha,
Unser Nero

Ta - tü, ta - tü, die Feu - er - wehr!

Der Wind, der Wind, der läuft so ge - schwind!

*Zu dem bekannten Spiel, bei dem Mutter und Kind die Hände übereinander legen und dabei die unterste immer wieder hervorziehen:*

Dei - ne Hand auf mei - ne Hand und mei - ne ...

Klei - ner Fin - ger, noch ein Fin - ger, noch ein Fin - ger,

noch ein Fin - ger und der dik - ke Dau - men!

Unser Kind kann auf verschiedene Weise reagieren. Es kann zu Anfang «nur» ein glückliches Gesicht aufsetzen – ein unglückliches mit Weinen nur dann, wenn wir zu laut, zu nah gesungen und es so erschreckt haben – und möglicherweise uns kundzutun suchen, wir mögen mit dem Singen fortfahren, – wobei die Ausdauer des Kindes dann wesentlich größer zu sein pflegt als die unsere. Aber es kann auch im frühesten Stadium schon «aktiv» reagieren, kann mitzusingen versuchen, wobei natürlich alles andere als «Schöngesang», Belcanto herauskommen wird. Doch dem Kind macht es offenkundig Freude, – und uns auch. Und das ist – zumindest vorläufig und noch auf längere Zeit hinaus – das wichtigste. Ob hier schon der Ansatz zur Unterscheidung zwischen «aktiv» und «passiv» musikalischen Kindern liegt, ist kaum zu sagen und zudem völlig gleichgültig.

Äußert das kleine Kind noch keine der beiden angeführten Reaktionen – das Glücksgefühl oder das Mitsingen – so ist dies noch keineswegs ein Grund zur Beunruhigung oder gar, an seiner Musikalität zu zweifeln. Die Entwicklung der Kinder kann bekanntlich sehr ungleich verlaufen; es gibt solche, die erst spät sprechen oder gehen lernen, Verzögerungen, die oft durch schnellere Entwicklungen auf anderen Gebieten kompensiert werden und die auf jeden Fall der spätere Verlauf restlos «aufholt». Warum soll jedes Kind im Alter von wenigen Monaten bereits seine Musikalität offenbaren müssen? Also: Geduld. Und: weitersingen!

Hingegen kann die völlige Reaktionslosigkeit des Kindes auf Höreindrücke die Eltern dazu veranlassen, das Funktionieren des kindlichen Gehörs im allgemeinen einem Test zu unterziehen oder untersuchen zu lassen. Angeborene Gehörschäden sind glücklicherweise selten, gerade wie angeborene Defekte des Sehapparats. Beide aber erfordern sofortige Behandlung. Ein Kind, das nicht versucht, einem Höreindruck zumindest mit einer Hinwendung des Blicks zur vermeintlichen Klangquelle zu folgen, sollte untersucht werden. Die Musikalität hängt weitgehend mit dem Gehör zusammen, wenn auch dessen Anomalien noch nicht unbedingt die Unmöglichkeit der Musikalität bedeuten.

Das Ohr vermittelt dem Kleinkind schon eine ähnliche Fülle von Eindrücken, wie sie als Bilder vom Auge erfaßt werden. Durch Auge und Ohr gelangen die Eindrücke der «Welt» in das Bewußtsein des kleinen wie des großen Menschen. Beide stellen im wahrsten Sinne wundervolle Organe dar, auch wenn es in der Natur vielseitigere, schärfere, umfassendere «Modelle» als die des Menschen gibt. Schon unser bester Freund, der Hund, hört besser als wir. In unser Gehörorgan dringen nur Schwingungen von ungefähr 20 bis etwa 20.000 Hz (was «Hertz» bedeutet, nach dem Namen ihres Entdeckers, und vollständige Schwingungen pro Sekunde bezeichnet), sehr niedrige Frequenzen, wenn wir sie mit jenen vergleichen, die bei Licht, Elektrizität, Radar usw. vorkommen und «astronomische» Ziffern erreichen. Wir dürfen annehmen, daß die Verständigung gewisser Tierarten (Fische, Ameisen, Insekten) in viel höheren Frequenzen erfolgt als die unseres Gehörs, für uns darum unhörbar bleibt. Die moderne Wissenschaft hat sich, schon im medizinischen

Interesse, aber darüber hinaus von jener rastlosen Neugier getrieben, die den Menschen alle paar Jahrhunderte rettungslos überfällt, weitgehend erfolgreich bemüht, den Geheimnissen unserer Wunderapparate, Auge und Ohr, auf die Spur zu kommen. Im Falle des menschlichen Sehapparates ist dies bemerkenswert gelungen, so unlösbar auch manches Augenproblem noch immer sein mag. Nicht ganz so weit ist die Kenntnis des Gehörs gediehen. Im tiefsten Grunde ist der Hörvorgang immer noch von Rätseln umgeben. Dringen die Klänge der Außenwelt auf eine geheimnisvolle, mehr als zehntausendsaitige, aber winzige «Harfe» im Innern unseres Ohrs und setzt jeder von ihnen, seiner Schwingungszahl entsprechend die genau ebenso gestimmte Saite dieser Harfe in Bewegung, in ein Mitschwingen, so wie der deutsche Physiker Hermann von Helmholtz im 19. Jahrhundert es ahnte? Diese Theorie hat etwas Bestechendes, auch wenn ihr restloser Beweis bis heute aussteht.

Auge und Ohr: wir sollten sie als Einheit ansehen und in unserem Kinde gleichmäßig zu entwickeln suchen. Die heutige Zeit zeigt eine Neigung zum Optischen, vernachlässigt das Akustische. Frühere Kinderbücher gingen vom Text aus, heutige stellen die Bilder in den Vordergrund. Das Betrachten von «Comic-strips» hat das Vorlesen in der Kinderwelt weitgehend verdrängt. Das Fernsehen ist leider an die wichtigste Stelle der kindlichen Welt gerückt. Wir sollten versuchen, dieses Ungleichgewicht zu korrigieren, auszugleichen. Nehmen wir es als gutes Zeichen, daß eine gewaltige Welle von Musik durch die heutige Zeit geht. Denn sie entwickelt nicht nur die natürlichen Anlagen des Menschen, sie vermeidet auch verhängnisvolle Fehler neuerer Zeiten, Verstöße gegen die «Universalität», die eines der Ideale der Menschheit sein sollte. Vielseitig wird der Mensch geboren, nach einem vielseitig verbrachten, ausgenützten, genossenen Leben soll er streben. Jede Einseitigkeit ist ungesund, ist falsch. Was unser Buch möchte, ist: die vielseitigen Begabungen, Fähigkeiten, Neigungen des Menschen fördern, auf eine musische Grundlage stellen, die das Abgleiten in den kalten Materialismus verhindert.

Doch zurück zum Kleinkind. Der Augenblick kommt schnell, an dem wir sein Interesse am Klang erweitern wollen. Zu den Stimmen von Vater und Mutter treten die ersten «Instrumente». Die können sehr primitiv sein: alles, was klingt kann zum Instrument werden. Wieder besitzt der Mensch den Urtypus des Instruments: im Händeklatschen entsteht der erste instrumentale Klangeindruck des Kindes. Welche Fülle von Varianten gibt es da! Lange Schläge, kurze Schläge, Kombinationen von zweien oder dreien, – es muß wohl nicht näher ausgeführt werden. Die Hände müssen nicht immer gegeneinander geschlagen werden: sie können auf einen Tisch, auf das Bettchen des Kindes trommeln; der Klang verändert sich jedesmal und das wird mit der Zeit die Aufmerksamkeit des Kindes erringen.

Zu den stärksten Trieben junger Geschöpfe gehört jener der Nachahmung. Nicht lange nachdem wir unserem Kind vorzusingen, vorzutrommeln begonnen haben, wird der größere Teil der Kinder versuchen, uns nachzuahmen. Vom «Singen» haben wir schon gesprochen, nun kommt die Bewegung der Händchen dazu. Das Ineinanderschlagen mit dem Effekt einer Klangbildung wird noch einige Zeit auf sich warten lassen. Aber das Trommeln auf irgendwelche, möglichst klingende Gegenstände setzt sehr früh ein, sobald das Kind in den bewußten, gezielten Gebrauch seiner Hände und Arme kommt.

Ist dies einmal eingetreten, so kann man in seiner Reichweite eine Schnur über das Bettchen hängen und auf dieser Klangkörper befestigen. Am besten wohl kleine Glöckchen, die beim leisesten Berühren Klänge hervorbringen. Wieder wird es eine Zeitlang dauern, bis das Kind Unterschiede in der Klanghöhe wahrnehmen wird. Hohe Töne, tiefe Töne. Das ist, neben dem Begriffspaar laut-leise eine zweite elementare Wahrnehmung in Bezug auf Klänge. Mit dem Heranwachsen wird diese Unterscheidung immer einfacher werden; wir identifizieren die tiefen Klänge mit einem größeren Tier, das dem Kind aus seinen Märchen und Erzählungen bekannt ist – einem Bären vielleicht (ohne diesen als böse hinzustellen, wie es früher stets geschah) – und die hellen, hohen Töne sind vielleicht zwitschernde Vögel oder die kleine Hauskatze, die dem Kind wohlvertraut ist. So läßt sich ein wenig später vergnügt spielen: der Bär unterhält sich mit dem Vogel oder der Katze, – und ohne es zu merken, kann das kleine Kind bereits hohe und tiefe Töne voneinander unterscheiden, auch wenn es sie nicht so nennen wird, sondern noch lange Zeit hindurch «Bär» und «Vogel».

Früher, als man für gewöhnlich annimmt, besteht die Möglichkeit, das Kind – wiederum behutsam und sacht – in die faszinierende Welt des Rhythmus einzuführen. Ma-

mas Herzschlag war die erste Wahrnehmung, die das Kind tun konnte. Es ist zugleich die einfachste Form des Rhythmus: ständig gleichbleibende Schläge, die sich allerdings in aufgeregten Situationen beschleunigen, in schreckhaften «stocken» können. Davon weiß das Kind hoffentlich noch nichts. Das Herz schlägt «im Takt»; hier sind Rhythmus und Takt noch das gleiche. Mit dem gleichmäßigen Rhythmus des mütterlichen Herzens wird das Kind gewissermaßen in den Weltrhythmus aufgenommen, der es ein Leben lang begleiten wird, in den Rhythmus des Kosmos, des Universums, der «ewig» ist. Alles was lebt, hat Rhythmus, seinen Rhythmus. Und lebt nicht alles in und um uns, was die Natur hervorgebracht hat? Je früher wir dem Kinde Ahnungen von der gewaltigen Kraft und Macht des Rhythmus geben, desto positiver wird diese Erkenntnis sein Leben beeinflussen können. Rhythmus ist unendlich viel mehr als die Ordnung verschiedener Notenwerte zu einem musikalischen Gebilde. Rhythmus ist das Aufblühen und Verblühen, sind Frühling, Sommer, Herbst und Winter, sind Schlaf und Wachen, Spannen und Entspannen, die Mondphasen und was sie auf unserer Erde bewirken. Rhythmen sind die Bewegungen aller Gestirne im Weltall, sind das Wachsen, Reifen und Sterben aller Lebewesen, alles Lebendigen. Jeder Mensch besitzt einen ihm und nur ihm eigenen Lebensrhythmus und «verstehen» können einander wohl nur Menschen, deren Rhythmen in irgendeiner Weise übereinstimmen oder sich ergänzen. Wenn Johannes das berühmte Wort sprach «Im Anfang war das Wort!» und Goethe «Im Anfang war die Tat!» dagegensetzte («Faust»), so möchten wir ganz bescheiden uns erlauben, den Ursprung alles Seienden im Rhythmus zu suchen: «Im Anfang war der Rhythmus!» Ohne ihn gibt es kein Leben. Je früher wir unser Kind mit dem Rhythmus vertraut machen, desto leichter wird alles andere werden, das es im Leben erlernen soll.

Der Rhythmus ist dem Kind angeboren, aber es bemerkt ihn lange Zeit hindurch überhaupt nicht, eben weil er so selbstverständlich ist. Seine allereinfachsten Anfangsgründe können wir dem Kind im frühesten Zustand beibringen. Vergessen Sie alles, was Sie vielleicht vom Rhythmus wissen und kennen, vergessen Sie, daß es Marschrhythmen, Tanzrhythmen der verschiedensten Bewegungsabläufe gibt (Walzer, Polka, Bolero, Mazurka, Menuett, Gavotte, vielerlei Jazzrhythmen usw). Vorläufig bedeutet Rhythmus nichts anderes als: den Zeitablauf auf verschiedenste Weise einteilen und diese Einteilung beliebig oft zu wiederholen. Klatschen wir dem Kind die einfachsten Rhythmen vor, etwa diese:

Noch wird es sie nicht wiederholen können, aber sie dringen in seine kleine Seele ein und werden langsam zu Grundpfeilern eines bewußt gestalteten Rhythmusgefühls. Später werden wir jeden dieser Rhythmen musikalisch aufnehmen, ausschmücken, in Musik verwandeln.

Zwei wichtige Dinge haben wir dem Kind so in den frühesten seiner Lebenstage bereits nahegebracht: durch das Singen ein gewisses melodisches Gefühl und durch das Klatschen oder Bewegen von Klangkörpern und Glöckchen den Sinn für Rhythmus. Zwei Grundelemente der Musik: die Hälfte der existenten. Zum Erfühlen oder gar Verstehen der restlichen beiden, der Harmonie und der Klangfarbe, dürfen ruhig ein paar Jahre vergehen. Um so mehr, als Melodie und Rhythmus die wichtigsten sind. Sie genügen vorläufig vollständig, um die angeborene Musikalität zu entwicklen.

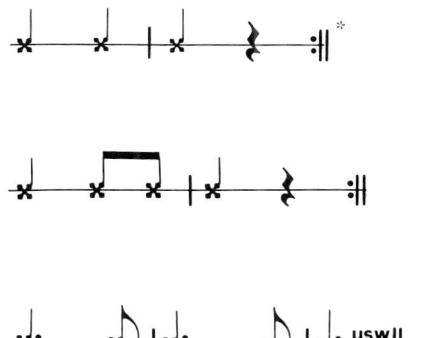

---

* Da es sich um rhythmische Aufzeichnungen ohne Angabe von Tonhöhen handelt, bedarf es keines Notensystems von fünf Linien und keines Notenschlüssels.

# «Kinderleicht»

Die Musik als Theorie bleibt noch sehr lange aus unseren Spielen ausgeschlossen. Ist es doch gerade die Musiktheorie, die so vielen Kindern den Zugang zum «Wunderland Musik» verwehrt; die das Kind glauben macht, zum Genuß von Musik in seinem Alter seien die Kenntnisse, das geläufige Lesen der Noten unerläßlich. Kindern, die Freude an Musik haben, öffnet sich das musikalische Wissen eines Tages von selbst; sie werden danach verlangen, das, was sie bisher aus dem Gehör taten, nun von Noten ablesen zu können, wodurch ihr musikalischer Horizont bedeutend erweitert wird, ungeahnte neue Möglichkeiten für sie offenstehen.

Vorläufig aber, beim Kleinkind, darf von alledem noch keine Rede sein. Noch zu Beginn unseres Jahrhunderts – auch heute noch? – hätte jeder Klavierlehrer seinen Unterricht für unmöglich erklärt ohne die vorherige Kenntnis der Noten und ihrer Schrift. Das Gehör wurde sträflich vernachlässigt. Dabei ist unserer Meinung nach gerade das Gegenteil geboten: das Gehör ist die Grundlage jeder Musikausübung. Mit wachsendem Verstand wird der junge Mensch selbst unser so sinnlos kompliziertes Tonsystem erlernen, mit dem unsere Ahnen und wir seit bald tausend Jahren musizieren. Er wird zwar noch lange nicht begreifen, aber «auswendig lernen» (wie er vieles auswendig lernen muß fürs «Leben»), daß es zwölf Töne gibt, die aber etwa dreimal so viele Namen haben, daß Cis gleich Des sein muß, weil sonst eine chromatische Tonleiter von zwölf gleichen Halbtonschritten undenkbar wäre, und weil sonst ein Saiteninstrument (das Cis und Des differenziert greifen könnte), nie zum Zusammenspiel mit Klavier oder Orgel imstande wäre, denen dieses verwehrt ist, da sie für Cis und Des nur eine einzige Taste besitzen. Genug. Ist es auch im Grunde Wahnsinn, so hat es doch Methode, ja es entbehrt nicht einer gewissen Großartigkeit, wie jede vollständig stimmende Theorie, sei ihr Beweis auch noch so absurd zurechtgebogen. Ich habe lange in «lateinischen» Ländern gelebt und dort immer wieder schmerzlich erleben müssen, wie (nach dem altehrwürdigen Vorbild des Pariser «Conservatoire») kleine Kinder, die sich vertrauensvoll der Musik nähern wollten, durch ein strenges System («solfège») abgeschreckt wurden, mit dessen Hilfe das Notenlesen in verschiedenen (bis zu sieben!) Schlüsseln vermittelt werden muß, bevor von «Musizieren» im schönsten, sorglosesten Sinne die Rede sein kann, – wenn es ein solches dann überhaupt noch gibt. Alles roch nach Mittelalter. Nicht immer waren es die Begabtesten, die auf diesem Wege weiterschritten, bis sie eines Tages eines der vielen Diplome erwarben, die sie selbst zur Veranstaltung ähnlicher Martern für die nächste Generation befähigten und berechtigten. Welche grausame Verkennung des wahren Wesens der Musik!

Ich weiß, daß inzwischen neue, viel einfachere und zielführendere Wege zur Erlernung von Notenlesen und «Theorie» erfunden wurden: die «Tonika Do-Methode», das «Tonic Solfa-System» usw., die im Wesen auf die uralten Handzeichen zurückgehen, wie sie vor bald tausend Jahren Guido von Arezzo einführte, um vor allem den Sängerknaben der Kirche ein rasches Ablesen von Tönen zu erlauben; sie sind viel leichter zu lernen, als der Solfège, der Solfeggio, der Solfeo lateinischer Länder, denen es vor allem völlig an Anschaulichkeit gebricht. Aber auch mit «Tonika Do» und «Tonic Solfa» würde ich noch einige Jahre warten, von jenem Zeitpunkt an, in dem wir uns soeben befinden – dem zweiten und dritten Lebensjahr des Kindes.

Wir wollen es unserem Kinde leicht machen, so einfach wie nur irgend möglich. Im wahrsten und besten Sinne des Wortes: kinderleicht. Das Kind muß uns ohne jede Anstrengung verstehen können. Ansonsten könnte man in diesem Alter kaum eine Möglichkeit finden, es zum Mitmachen zu veranlassen. Wir wollen es neugierig machen auf das, was wir ihm bringen. Wer darin – es ist vorgekommen! – eine Verniedlichung ernster Dinge oder gar eine Prophanierung zu entdecken glaubt, hat die Sache nicht verstanden. Und er mißversteht uns gründlich. Gerade weil wir in nicht allzuweiter Ferne – am Ende dieses Buches – zu den großen, echten Aufgaben der Musik im heutigen Leben des Einzelnen und der Gemeinschaft kommen wollen, müssen wir so «kinderleicht» beginnen, wie überhaupt nur möglich.

Ja, am Ende unseres Buches soll dem Kind fast von selbst der Gedanke aufgehen, daß es im «Wunderland Musik», in das es vor Jahren spielend eintrat, gewaltige Gipfel gibt, die zu erklimmen es dann begierig sein wird. Ja, es soll sogar eine Ahnung von der Wahrheit des tiefen Satzes bekommen, den Hugo von Hofmannsthal ins Textbuch der Richard Strauß-Oper «Ariadne auf Naxos» geschrieben hat: «Musik ist eine heilige Kunst». Dazu wird es vieler musikalischer Kenntnisse bedürfen, die zum Teil noch wir, zum größeren Teil seine Lehrer ihm beibringen werden. Zuerst aber muß das Kind sich für Musik begeistern, hundert Lieder singen, auf irgendeinem Instrument Klänge zusammensuchen, seine tönende Phantasie bereichern, sein Gehör vervollkommnen. Dann ist die Lehre der Noten, der Zusammenklänge, der Stimmen und Gegenstimmen, der Instrumente und ihres Zusammenwirkens in der Kammermusik, in der Sinfonik, das Verständnis von Leben und Schaffen der großen Komponisten kein Buch mit sieben Siegeln mehr. Aber erst dann! Dann wird das Kind von selbst auf das alles neugierig sein, dann wird es, was man «Theorie» nennt, im Zusammenhang mit der lebendigen Praxis, spielend begreifen und als das nehmen, was sie wirklich sein soll: Hilfsmittel zum Musizieren, ein bequemer Schienenstrang in die letzten Winkel des «Wunderlandes Musik».

Wir wollen es den Kindern kinderleicht machen, die ersten Schritte in dieses Reich zu tun, sich dort ein wenig umzusehen, erste Freude an klingenden Entdeckungen zu verspüren. Darum wollen und werden wir den

Eltern, den Kindergärtnerinnen, den Lehrern und Lehrerinnen alles so einfach erklären, wie es wirklich ist. Aber mit den Fortschritten des Kindes zum vollen Menschentum – das mit der Hilfe von Musik leichter erreichbar ist als ohne sie – werden wir ihm allmählich die gewaltigen Berggipfel zu zeigen versuchen, die in diesem Wunderland stehen, werden es ahnen lassen, was die Interpretation einer Beethovenschen-Klaviersonate, einer Brahms-Sinfonie, eines Bartók-Quartetts, eines Hugo Wolf-Liedes bedeutet und verlangt an geistiger und musikalischer Reife. Das sind dann keine «kinderleichten» Anliegen mehr, ganz im Gegenteil; aber dann wird das einstige Kind, der nun «junge Mensch» so weit vorgeschritten sein, daß er die unendliche Weite der Kunst ahnen, ihre tiefe Bedeutung im menschlichen Leben fühlen und Ehrfurcht vor dem Schöpfertum des Menschen gerade so empfinden kann wie vor dem der Natur. Dann wird er auf dem Wege zum Verständnis mancher Dinge sein, zu deren vollem Erfassen oft ein halbes oder gar ganzes Leben nicht ausreicht. Er wird Martin Luther nachfühlen können: «Es fließt mir das Herz über von Dankbarkeit gegen die Musik, die mich so oft erquickt und aus großen Nöten gerettet hat», auch Arthur Schopenhauer, der erklärte: «Keine Kunst wirkt auf den Menschen so unmittelbar wie die Musik, eben weil keine uns das wahre Wesen der Welt so tief und unmittelbar erkennen läßt». Und Friedrich Nietzsche begreifen, der gar meinte, daß «ein Leben ohne Musik ein Irrtum» sei.

Der junge Mensch wird dann nicht nur «sachliche» Aussagen lesen, sondern manche begeisterte Hymne an die Musik. Die müsse «dem Manne Funken aus dem Geiste schlagen», fand Beethoven. «Ohne Enthusiasmus wird nichts Rechtes in der Kunst zuwege gebracht», Schumann. Feuer, Begeisterung, – wie selten ist das heute geworden! So klagen die älteren Menschen oft, die meinen, sie selbst seien in ihrer Jugend zu beidem fähiger gewesen. Aber ich, der ich selbst zur älteren Generation gehöre und besonders stark mit heutigen jungen Menschen verbunden bin, zweifle daran. Man muß den Jungen nur etwas geben, für das sie sich begeistern können, und muß es ihnen auf die richtige Weise geben, dann begeistern sie sich genau so wie alle Vorhergegangenen. Feuer und Begeisterung als Weg der Kunst: war das nur im 19. Jahrhundert so? Ist uns diese Fähigkeit verloren gegangen, dieses sich Mitreißenlassen, dieses tiefe Mitfühlen mit echter Kunst? Es wäre das Todesurteil über unsere Zeit, wollten wir diese Frage mit «ja» beantworten.

«Kinderleicht» beginnt unser kleiner «Lehrgang», mit großen Aufgaben soll er enden, zu deren Lösung der junge Mensch Wesentliches von sich selbst wird einsetzen müssen. Vielleicht ist es das Mysterium der Musik, daß sie jenen erfreut, der sich ihr spielend nähert, aber den wahrhaft beglückt, der das Letzte, das Entscheidende von ihr fordert.

# Das Wunderland der Musik ist für alle offen

Bevor wir unser Kind seine ersten Schritte tun, seine ersten Worte sagen lassen und alles dies mit musikalischen «Aufgaben» begleiten werden, sei hier nochmals festgestellt, daß unser Buch weniger von den Kindern handelt, deren musikalische Begabung schon im frühesten Stadium offenkundig geworden ist, sondern an die Eltern der vielen anderen. Denn es geht uns darum, die in allen Kindern schlummernde Musikalität zutage zu bringen und sie somit jedem Menschen mit auf den Lebensweg zu geben.

Dieses Kapitel sei im besonderen jenen Kindern gewidmet, die mit irgendeiner «Behinderung» auf die Welt gekommen sind. Eine solche kann physischer, geistiger oder seelischer Natur sein. Sprechen wir zuerst von den körperlichen Erkrankungen, die häufiger vorzukommen pflegen als die anderen. Vorausgeschickt sei, daß wir bei keiner dieser Gruppen von vorneherein eine Verminderung oder gar Ausschaltung der Musikalität zulassen wollen.

Unter den körperlichen Behinderungen, die in unser Gebiet fallen, steht die Schwerhörigkeit an erster Stelle, die mit zunehmendem Alter in völlige Taubheit überzugehen droht. Beethoven schreibt im Oktober 1802, als er bereits ungefähr fünf Jahre lang an einem Ohrenleiden laboriert, das ihm einen beträchtlichen Teil seiner Hörfähigkeit genommen hat, in seinem erschütternden

«Heiligenstädter Testament», er müsse seinen Zustand zu verbergen trachten, da die Welt sich ja keinen tauben Musiker vorstellen könne. Lange Zeit versuchte er vergeblich, mit Hilfe von Hörapparaten (die uns heute im Museum entsetzlich primitiv anmuten) die Kommunikation mit der Außenwelt aufrecht zu erhalten. Für seine Kompositionsarbeit aber ersann er ein anderes Hilfsmittel, das zumindest behelfsmäßig seinen Zweck erfüllte: er führte einen Stab oder ein Scheit aus Holz direkt vom Metallrahmen seines Klaviers an den Knochen hinter seinem Ohr. So verstärkte der Eindruck seines Spiels sich wesentlich, die Schwingungen des Instrumentes gelangten auf diese Art direkt ins Innnenohr. Der Gedanke war richtig; gelänge es, alle Klänge in Schwingungen umzuwandeln und unter Umgehung der «kranken» Gehörsteile direkt ins Gehirn zu leiten, wo alle unsere Eindrücke zusammenlaufen und wahrgenommen werden, so wäre wahrscheinlich das Problem der Taubheit weitgehend entschärft. Unsere heutige Medizin und Technik haben diese brennende Frage einer unleugbaren Besserung zugeführt. Mit der Musikalität des Behinderten an sich aber hat dieses Problem nichts zu tun; oder nur insofern, als seine langjährige Nichtbehandlung diese eben nicht entwickelte Gabe allmählich ganz verkümmern ließe. Je später die Gehörschwäche einsetzt, desto geringer

33

sind ihre Behinderungen, da der Kranke dann bereits über längere akustische Erfahrungen verfügt. Beethovens weiteres Kompositionsvermögen wurde nicht so sehr durch die direkte Schwingungsübertragung erleichtert als durch seine intensiven Erinnerungen an die Klangwelt, an der er jahrzehntelang teilgehabt hatte. Doch das Hereinbrechen der völligen Taubheit vergrößerte später seine Leiden ins Unlösbare. Zugleich rückten die Erinnerungen an die Klangwelt fern und ferner. Würde vielleicht manches in der Neunten Sinfonie, in den letzten Streichquartetten anders klingen, wären sie von einem Beethoven im Vollbesitz seines Gehörs geschaffen worden? (Aber auch: gäbe es diese Werke dann überhaupt in ihrer jetzigen Größe und Gewalt?)

. Merkwürdigerweise ist der heutige Mensch viel eher bereit, eine Sehschwäche einzugestehen als eine Hörbehinderung. Wie viele Brillenträger bevölkern bereits die unteren Klassen unserer Schulen! Und im Leben wird Brillentragen nicht selten zu einem Zeichen von Intelligenz, Bildung, Studiersamkeit. Dagegen versucht der Gehörbehinderte nur allzuoft seinen Zustand zu verbergen. Dabei verhilft der moderne Hörapparat gerade zum Wichtigsten: mit der Außenwelt in Gehörsfühlung zu bleiben. Und damit auch mit der Musik, deren Kommunikationsfähigkeit gar nicht überschätzt werden kann.

Schwerhörigkeit, die angeboren ist, sollte so früh wie möglich entdeckt und behandelt werden. Und zu dieser Behandlung wird ein vernünftiger Spezialist die Musik zu Hilfe nehmen, durch Gehörsübungen eine nicht rein organbedingte Hörbehinderung zu mindern suchen und vor allem mit dem Rhythmus arbeiten, der ja nicht nur auf dem Wege über das Ohr mit dem Menschen verbunden ist. Hier können Brücken geschlagen werden, von denen man bis vor kurzem noch kaum etwas ahnte.

Schwieriger ist das Verhältnis geistig behinderter Kinder zur Musik zu beurteilen. Es gibt hier die verschiedensten Krankheiten, deren Erscheinungsbilder völlig unterschiedlich sind. Selbst aus den bedrückendsten muß nicht notwendigerweise auf eine Minderung der Musikalität, auf einen Ausfall der musikalischen Sensibilität geschlossen werden. Es kann bei manchen dieser Behinderungen allerdings zu deren Verkümmerung kommen, gerade wie solche Folgeerscheinungen auch auf anderen Gebieten eintreten können. Doch sind die Erfahrungen der Musiktherapie in den letzten Jahren ermutigend. Der Autor dieses Buches hat sich jahrelang auch in diesem Bereich umgesehen und außerordentlich interessanten und vielversprechenden Versuchen und Behandlungen beigewohnt. Sie seien allen Eltern solcher behinderter Kinder aufs herzlichste angeraten. Wo in Geist und Seele kein Wort, kein Vorbild, keine Geste hinreicht, durchstößt oft die Musik noch Mauern und Hindernisse, die für alles andere undurchdringlich sind. Wenn auch der Kampf um die strikte Wissenschaftlichkeit der Musiktherapie noch längst nicht entschieden ist – ja vielleicht kaum je zu entscheiden sein wird – so steht doch außer Zweifel, daß hier bedeutende Erfolge erzielt werden. Immer wieder erweist es sich, daß Musik an Zonen im verborgensten Innern des Menschen rühren kann, die anderen Mitteln unzugänglich sind. Und besonders bei Kindern scheinen solche Wirkungen manchmal leichter zu erzielen als im späteren Leben, was durchaus erklärbar wäre. Auf eines sei hingewiesen: die Persönlichkeit des Therapeuten kann wichtiger sein als die Theorie der Therapie, die er anwendet. In gewissem Sinne hängt alles von der Person des «Zauberers» ab, – da hat der hochzivilisierte Mensch vor dem «Wilden» nicht viel voraus ... Sehr deutlich wird die Einwirkung der Musik auf seelisch kranke oder behinderte Kinder. Hier muß von der Musik als echtem, oft als einzigem Heilmittel gesprochen werden, weit vor den Drogen, die manchmal angewendet werden und stets eine ungelöste Frage darstellen. Die «Kriegsgeneration» befindet sich zwar heute durchwegs in der zweiten Hälfte ihres Lebens. In zahlreichen Ländern der Erde stand sie unter den grauenhaften Eindrücken von blutigsten Schlachten, Luftangriffen mit heulenden Sirenen und tosenden Bombeneinschlägen, von Gewalttaten unvorstellbaren Ausmaßes, von Hunger, Elend, endlosen Wanderungen, überall lauernden Gefahren. Es kann nur als Wunder bezeichnet werden, daß ein so hoher Prozentsatz von damaligen Kindern solche Erlebnisse überhaupt verkraften konnte. Ob sie aber seelisch jemals wieder «ganz gesund» wurden, steht auf einem anderen Blatt. Und Ähnliches ist an vielen Stellen unseres Planeten den Kindern «lokaler» Kriege und Bürgerkriege angetan worden in den Jahrzehnten des «Friedens» oder dessen, was neue, stündlich von der atomaren Ausrottung bedrohte Generationen so zu nennen übereingekommen sind. Gegen seelisches Trauma, gegen quälende Depressio-

nen, gegen gefühlsbedingte Abkapselungen und Einsamkeiten hilft nichts so wirksam wie Musik. Wie sie am besten anzuwenden ist, gehört nicht in unser Buch; es muß außerordentlich vielfältig geschehen, überwiegend aktiv und in klugem Aufbau. Musik als «Allheilmittel»? Als Elixir des Lebens in allen seinen Formen? Fast fühlen wir uns geneigt, mit «ja» zu antworten. Wie immer die Wirkungen sein mögen, – negativ können sie nicht sein. Und das ist schon viel, wenn man sie mit denen unzähliger Kräuter, Säfte, Methoden, Übungen vergleicht, die zu allen möglichen Zwecken angepriesen werden, ja sogar mit vielen oft opferreichen geistigen Konzentrationsübungen, die höchstens Gesunden zugemutet werden sollten. Somit sei nochmals festgehalten: nicht einmal die sogenannten «kranken» Kinder bleiben notwendigerweise aus unserem «Wunderland Musik» ausgeschlossen. Mag er auch kühn erscheinen, so sei doch der Gedanke ausgesprochen, daß gerade solche Kinder in allerengstem Kontakt mit der Musik aufwachsen sollten. Sie allein vermag ihnen das fehlende «soziale» Leben zu ersetzen, sie kann Freude in das freudloseste Leben bringen, kann kraft ihrer Urelemente eine wachsende Selbstbetätigung des Körpers, des Geistes und der Seele fördern. Wer einmal der Einzel- oder Gruppentherapie eines guten Fachmanns beigewohnt hat, wer aus eigener Tätigkeit erlebt hat, wie «schwerste Fälle» aus vollständiger Lethargie sich unter dem Einfluß von Klängen – es muß gar nicht Musik in organisiertem Zustand sein – zum Verstehen, zum Licht, zum Leben emporringen, der wird diesem Kapitel seine Berechtigung inmitten unserer Betrachtungen nicht versagen.

In vielen Fällen seelischer und geistiger Behinderungen kann die Musik ihre ganze therapeutische Kraft erweisen, kann «Wunder» tun. Richtig angewendet (was zumeist nur durch das Gefühl entschieden werden kann) vermag sie jedes Trauma zu lösen, jede Einsamkeit zu überwinden, jeden Schock vergessen zu machen, jedes Verstandesdefizit durch intensivierte Gefühlstätigkeit zu mildern. Sie wird vor allem die so notwendige Gemeinschaft mit anderen Kindern, mit der «Umwelt» herstellen, Lebensfreude schaffen. Nicht plötzlich, nicht einmal schnell. Hier gilt mehr als je, unsere Mahnung für alle, die an der Kinderwelt in irgendeiner Form teilnehmen: Langsam, behutsam, geduldig, zärtlich.

Das Wunderland Musik ist ein Reich ohne Grenzen, ohne Grenzpfähle, ohne Paßvorschriften, ohne Zulassungsbeschränkungen. Frühere Zeiten hätten mitunter den Zugang gern an Vorbedingungen geknüpft, erschwert, ja für geheim erklärt, auf «Talente» oder gar «Genies» beschränkt, das dort gesprochene Idiom als Geheimsprache ausgegeben. Gegen das alles wollen wir kämpfen. «Musik für alle» sei unsere Losung.

Ein wunderschönes, wahrscheinlich indisches Wort sagt: «Wenn die Kinder klein sind, gib ihnen Wurzeln; wenn sie größer werden, gib ihnen Flügel!» Die Musik vermag beides: sie ist Wurzel für die Kleinsten, sie wird zu Flügeln für die Heranwachsenden. Wer den Kindern Musik gibt, vermittelt ihnen etwas vom Wertvollsten, das man ihnen, neben der körperlichen Gesundheit, für ihr Leben geben kann.

# Das Kind entdeckt die Welt

Inzwischen – die beiden letzten Kapitel waren ja lang genug dazu – hat unser Kleinkind entscheidende Fortschritte gemacht. Es liegt nicht mehr durchwegs im Bettchen, schreit nur noch fallweise. Es hat die ersten Gehversuche hinter sich und es trachtet, sich mit Hilfe erster, zumeist von ihm erfundener, artikulierter Laute verständlich zu machen.

Die ersten musikalischen Versuche und Spiele liegen hinter uns. Wir haben dem Kind viel vorgesungen, wir haben es veranlaßt, mit Glöckchen und anderen Klangkörpern umzugehen, – oder sagen wir: sie zu betätigen. Im kleinen Gehirn haben sich schon mehrere oder viele Tonfolgen festgesetzt, dazu unbewußte Ahnungen von hohen und tiefen Tönen, zu den durchaus bewußten von «laut» und «leise», von denen mit Vorliebe vor allem die ersteren zur Anwendung kommen.

Das Wichtigste sollte getan sein: das kleine Gehör ein wenig neugierig gemacht, an verschiedenartige Klänge gewöhnt. Es ist fast sicher, daß ein solches einfaches Gehörstraining eine Reihe von Wirkungen zeigt: das Kind dürfte auf alle Arten von Geräuschen differenzierter reagieren als vorher. Es wird die sich nähernden Schritte recht fein zu erkennen wissen, manche – wie die des allabendlich heimkehrenden Vaters – viel freudiger begrüssen als etwa die des Arztes. Es wird lauschen gelernt haben, mit Aufmerksamkeit zuhören (was für das Leben von unschätzbarem Wert sein wird), sei es den Vögeln vor dem Fenster, den Geräuschen der Straße, den verschiedenen Stimmen im Radio, vor dem es fast mit Sicherheit nicht genügend abgeschirmt werden kann. Mag es hingehen, solange eine genügende Distanz jede zu starke akustische Wirkung, jeden Schock verhindert.

Mit der Entwicklung der angeborenen Musikalität geht eine Verfeinerung des Gehörs parallel. Man beschäftigt sich im allgemeinen viel mehr mit der möglichen Verminderung des Gehörs im Alter als mit der durchaus denkbaren Schärfung in der Kindheit und Jugend. Das Gehör eines Musikers ist nicht allein deswegen «schärfer», weil es eben einem Musiker gehört, sondern weil es durch dessen jahrelange Ausbildung, vielleicht seit der Jugend trainiert, eben «geschärft» wurde. Eine Vernachlässigung des Gehörs in der Kindheit führt von selbst, wie bei allen unbenutzten oder zu wenig benutzten Organen – zu Nachlassen und Verkümmerung. Umgekehrt bringt eine fortgesetzte Verwendung – und geschehe sie auch in spielerischer Form – eine Stärkung, Schärfung, Verfeinerung des Gehörs mit sich, die nicht nur einem künftigen Musiker zugute kommen.

Unser Kind lernt gehen und sprechen. Beides gehört zu den wichtigsten Etappen seiner Kindheit, ja seines Lebens. Die Eltern mögen einen Augenblick lang bedenken, wieviel Zeit und (gern angewandte) Mühe diese beiden Fortschritte kosten. Das Kind wird an beiden Händen geführt, hernach an einer Hand, es geht noch lange nicht geradeaus, sondern beschreibt einen unsicheren Zickzack-Kurs, es fällt um, muß wieder aufgerichtet werden. Jeder gute Schritt wird mit Lob überhäuft, über jeden «Fehltritt» wird das Kind getröstet. Und wie ist es beim Sprechen? Um nichts anders. Jeder noch so kleine Fortschritt wird glücklich registriert, jede Fehlleistung oder «persönliche» Wortbildung macht noch lange die Runde durch die Familie, bildet eine liebenswerte Erinnerung während des ganzen Lebens.

Wie anders aber geht es zumeist bei Erprobung der Musikalität zu! Kann das drei- oder vierjährige Kind eine ihm vorgeschlagene Melodie nicht unmittelbar richtig nachsingen, so lautet das grausame Verdikt der Erwachsenen: unmusikalisch! Kann das Kind mit seinen Händchen einem vorgeschlagenen Rhythmus nicht sofort genau folgen, so lautet das Urteil ebenso: unmusikalisch! Wir wollen gar nichts anderes als daß die gleiche Mühe und Zuwendung, liebevolle Aufmerksamkeit und Hilfe dem Kind bei seinen frühen musikalischen Versuchen entgegengebracht werden möge, die es beim Erlernen von Gehen und Sprechen erfährt.

Am Bett des Kleinstkindes rieten wir der Mutter (und dem Vater) zu kleinen Tonfolgen, die nicht Liedlänge erreichen durften. Nun aber sollten die Eltern Lieder singen, richtige kleine Lieder. Natürlich «Kinderlieder», die es bei allen Völkern, in allen Weltgegenden gibt. Es können die «traditionellen»

sein, aber auch hier möchten wir wieder einen gewissen «Lehrgang» vorschlagen. Es gibt Liedchen, die nur wenige Töne «Umfang» besitzen. Das vom kleinen Hänschen, das in die Welt hineingeht, hat einen Umfang von fünf Tönen. Das dürfte ein Minimum sein, – Kinderlieder mit noch weniger Tönen kommen im deutschen Sprachgebiet selten vor. Es wäre auch nicht notwendig, denn über einen Tonschatz von mindestens fünf Tönen verfügt jedes Kind von drei Jahren. Das Lied von den Entlein, die auf dem See schwimmen, mit dem Kopf im Wasser, aber den Schwänzchen in der Höh', benötigt um einen Ton mehr, also ihrer sechs, und auch das sollte noch ohne nennenswerte Schwierigkeiten gehen. Hingegen braucht es zu «allen Vögeln, die schon da sind» acht Töne, also eine ganze Oktave, und das mag vielleicht noch nicht ganz erreichbar sein.

Wir gehen von der Annahme aus, der Tonumfang der Kinderstimme wachse im Laufe der ersten Lebensjahre, doch zu beweisen ist dies höchstens durch einen sehr umfangreichen Test. Haben wir in den frühesten Stadien das Kind schon dazu gebracht, uns kleine Tonfolgen annähernd richtig nachzusingen, so kann seine Treffsicherheit mit drei Jahren bereits viel größer sein als bei gänzlich singungewohnten Kindern. Zudem scheint uns der überraschend große Tonumfang des kindlichen Schreiens zur Annahme zu berechtigen, die angeborene Stimme umfasse bedeutend mehr Töne als die oben erwähnten fünf, sechs oder acht. Das dürfte den Tatsachen entsprechen, aber nicht der ganze Tonraum oder Tonumfang muß musikalisch nutzbar sein. Das Schreien ist eine sozusagen ungesteuerte Stimmäußerung, das

Singen eine gesteuerte, infolgedessen weniger umfangreiche.

Das Alter des ersten Sprechens und Gehens soll auch das des kontrollierten, gesteuerten Gebrauchs der Stimme sein. Und hier ist es an der Zeit, über die Kinderstimme ein paar Worte zu sagen, nicht alle Eltern dürften genügend über sie informiert sein. Lateinische Völker nennen die Kinderstimme oft «weiß» *(voix blanche, voce bianca, voz blanca* im Französischen, Italienischen, Spanischen), womit sie gewissermaßen «farblos» wird; dies aber nicht im Sinne von uninteressant, sondern von geschlechtlos, ungeschlechtlich. (Daß ein Dichterwort aus gleicher Quelle die Kinderstimme mit der «Engelsstimme» gleichsetzt, sei nur erwähnt; es meint sicher nicht, daß Kinder Engel seien – was sie gar nicht sein sollen –, sondern zielt ebenfalls darauf, daß ihren Stimmen, wie denen der Engel, nichts Geschlechtliches anhaftet). Das ist völlig normal, denn alle «sekundären» Geschlechtsmerkmale – und die Stimme gehört dazu – werden erst mit der eintretenden Pubertät bemerkbar. Der Tonlage zufolge ist die Kinderstimme, auch die der Knaben, etwa eine mittlere Frauenstimme; zu einer solchen aber fehlen ihr eben noch die geschlechtlichen Merkmale, die Sinnlichkeit, die jede Stimme eines Erwachsenen in mehr oder weniger starkem Maße auszeichnet. Wenn die Pubertät einsetzt, verwandeln sich alle Stimmen. Die der Frau kaum merklich: sie ändert ihre Lage nicht oder nur unwesentlich, sie gewinnt nur an «weiblichem Timbre», an Ausdruck, an tonaler Ausdehnung, an Klangfülle. Die des Mannes aber macht eine echte Umwandlung durch. Im Kehlkopf – im «Adamsapfel» sozusagen – beginnen die Stimmbänder zu wachsen: im Laufe dieser Entwicklung etwa auf das Zweifache ihres vorhergehenden Ausmaßes. Eine doppelt so lange Saite schwingt, nach einfachsten physikalischen Gesetzen, um die Hälfte langsamer, also erzeugt sie einen Ton, der um eine Oktave tiefer ist als der frühere. Die «Männerstimme» ist geboren. Wann die Pubertät einsetzt und wie lange sie dauert, kann nicht so einfach beantwortet werden. Im vorigen Jahrhundert nahm man ihren Beginn in unserer geographischen Breite mit 14 bis 15 Jahren an, ihre Dauer mit zwei bis dreien. Unsere Zeit hingegen sieht sich dem Phänomen einer nicht restlos erklärten Frühreife gegenüber. Auch in unserem Klima sind nun pubertäre Erscheinungen bei Knaben von 12 oder 13 Jahren, wenn nicht sogar noch früher, durchaus an der Tagesordnung, und ebenso liegen die Dinge bei den Mädchen. Bei anderen Völkern, etwa denen südlicherer Breiten oder dunklerer Hautfarben, müssen diese Daten noch um einige Jahre vorverlegt werden.

Bei den kleinen Kindern aber, von denen hier die Rede ist, spielen diese Erscheinungen und ihre Wandlungen noch keine Rolle. Die Stimmen, mit denen wir es hier in diesem Kapitel zu tun haben, sind echte Kinderstimmen, also «weiße», geschlechtslose. Und – was wichtig ist – ohne Unterschiede zwischen denen der Mädchen und der Knaben. Doch auch von dieser Regel gibt es, wie erwähnt sei, Ausnahmen: es kann vorkommen, daß selbst die Stimme eines eben schulpflichtig gewordenen Knabens bereits eine eigenartige, fast maskulin zu nennende «Färbung» besitzt. Aber das bleiben seltene Fälle

39

– die am ehesten auf die Vererbung einer auffallenden Männerstimme in einer vorangegangenen Generation deuten – und sind bedeutungslos in unserer Betrachtung des Kindersingens.

Das Singen wird also aus der ersten Kindheitsetappe übernommen und ausgebaut. Immer noch sind Mutter und Vater die Vorbilder, wenn auch schon andere Personen – Verwandte, Spielkameraden – hinzukommen können. Inzwischen sollte der elterliche Widerstand gegen das Singen gebrochen oder wenigstens vermindert worden sein: das Singen gehört zu ihren elterlichen Pflichten, bei denen es kein «Delegieren» gibt. Doch sei nochmals betont, daß es sich um keinerlei kunstvolles Singen handelt. Niemand wird die mangelnde Intonation bemängeln, niemand das Fehlen des Rhythmus. Im Notfall darf ein Instrument zu Hilfe genommen werden, ein Klavier, ein Xylophon, mit denen die Stimme ein klein wenig gestützt werden kann.

Nun aber, da dem Kind durch Gehen und Sprechen ein viel weiterer Horizont zur Verfügung steht, muß auch sein Singen erweitert werden. Ganze, «richtige» Lieder treten an die Stelle der früheren kleinen Tonfolgen.

Hübsche Kinderlieder finden sich zu Dutzenden, zu Hunderten in alten und neuen Liederbüchern. Bei der heutigen, höchst erfreulichen Tendenz hin zu einer immer weitergehenden «Integrierung» Europas, ja der Welt, soll auch das Lied nicht mehr an «nationale» Schranken stoßen. Französische, englische, italienische, spanische, skandinavische Kinderlieder liegen musikalisch, unter der Voraussetzung sehr guter, sangbarer und kindertümlicher Übersetzungen, im Bereich unserer Kleinen. Und immer noch, auch in diesem Stadium, bleibt unsere Aufforderung an die Eltern aufrecht, selbst, aus dem täglichen Tagesablauf heraus, kleine Liedchen zu erfinden, in Melodie und Text, die ihren Kindern dann bestimmt doppeltes Vergnügen bereiten! Ich sehe die ein wenig ratlosen Gesichter meiner Leser. Darum möchte ich ihnen einige Anregungen geben. Nur Anregungen, nach denen sie mit nur ein wenig Phantasie eigene «Kompositionen» gestalten können. Das meiste weist einfachen Liedcharakter auf, aber ich nehme auch einige Beispiele für Zwiegesang zwischen Mutter und Kind auf, «Duette» sozusagen, die hoffentlich beiden viel Spaß machen:

## Rot ist die Ampel

Rot ist die Am - pel, al - les bleibt steh'n!

Gelb dann und grün wird's, al - les darf geh'n!

# Alle Mädchen

Text und Weise
Rosmarie König

1. Al - le Mäd - chen groß und klein, gebt euch rasch die
2. Al - le Kna - ben blond und braun, kommt doch schnell da-

Hand, gebt euch rasch die Hand, tan - zen sollt ihr al - le
zu, kommt doch schnell da - zu, wir woll'n mit euch tan - zen

mit dem ro - ten Band, mit dem ro - ten Band.
ge - ben kei - ne Ruh, ge - ben kei - ne Ruh.

# Morgens geht der Papi

1. Mor - gens geht der Pa - pi früh zur Ar - beit hin,
2. Dann will auch die Ma - mi bald zum Ein - kauf geh'n,

doch ich schla - fe wei - ter, wenn ich mü - de bin!
und nun hilft mir gar nichts, ich muß schnell auf - steh'n!

# Tik, tak

Tik, tak, so geht die Uhr, wo bleibt denn der Pa-pi nur?

Sagt «Gut' Nacht» mir je-den Tag, weil ich sonst nicht schla-fen mag!

# Das Flugzeug

1. Schau, dort o-ben fliegt ein Flug-zeug, ganz aus Sil - ber sind die Flü - gel,
2. Gar zu ger - ne möcht ich flie - gen ü - ber Städ - te, Tä - ler, Fel - der

und es schwebt am blau-en Him - mel und ver-schwin-det hin-term Hü - gel!
und dann wei - ter üb-er'n Fluß hin, wo sich deh - nen dun-kle Wäl - der!

# Schlafliedchen

Text und Weise:
Rosmarie König

Komm mein Klei - nes, schla - fen geh'n, vie - le Eng - lein bei dir steh'n,

al - le wa - chen, du schlaf ein, mor - gens werd' ich bei dir sein.

# Tanzliedchen

1. Komm, komm, dreh dich her - um! Will nicht, 's ist mir zu dumm!
2. Tan - zen, tan - zen mit Schwung, tan - zen wir sind ja jung!

Doch, doch lu - stig wird's sein, komm, komm, komm Brü - der - lein.
Sprin - gen mun - ter her - um, siehst du, s' ist gar nicht dumm!

# Das Lied vom Schmetterling

*Ruhig*

Schmet-ter-ling, du klei-ner,

Mutter

La - la - la - la - la - la

Kind

bun-ter, lie-ber, fei-ner,

La - la - la - la - la

flieg he-rum im Gar-ten,

La - la - la - la - la

al - le Blu-men war-ten.

La - la - la - la - la

Mutter

Schmet - ter - ling, du klei - ner,

Kind

La - la - la - la - la - la

bun - ter, lie - ber, fei - ner,

La - la - la - la - la

tu dir nichts zu Lei - de,

La - la - la - la - la

laß uns spie - len bei - de.

La - la - la - la - la.

# Der Regen

2. Manchmal regnet's fein und leise,
   oh, wie lieblich klingt's, wie hell!
   Manchmal aber prasselt's wieder,
   dann verstecke ich mich schnell.

# Familienausflug

1. Das Au - to saust da - hin so auf der Au - to -
bahn, am Steu - er sitzt Pa - pa und schaut uns gar nicht an.

2. Mama sitzt neben ihm und macht ein bös Gesicht: «Du rast schon wieder so, du weißt, das sollst du nicht!»

3. Wir Kinder hinten drin, Hund Hasso fährt auch mit, der ist so alt wie ich, doch ist er noch ganz fit.

4. «Schau, Mami, dort das große Haus, zwei Türme dran!» «Das ist die Kirche, die ich mir nie merken kann!»

5. «Nein, Papi, schau nicht hin, sonst fährst du ja in'n Grab'n!» «Was brennt da für ein Licht? Weil kein Benzin wir hab'n?»

6. «Wir haben noch genug und kümmert euch nicht drum!» so knurrt der Papa, meine Schwester ist zu dumm!

7. «‹Leitplanke› heißt das, wo man nicht hineinfahr'n soll!» so sag' ich ihr, und: «Nimm nicht deinen Mund zu voll!»

8. Da heult sie los und schreit: «Du bist ja so gemein!» Ich möchte wirklich nie ein kleines Mädchen sein.

9. «Schau, Papi, da kommt einer schnell, der fährt uns vor! So schimpf doch Hasso, bell! Was liegst du auf dem Ohr!»

10. «Kommt bald ein Rastplatz, Papi, fahre doch mal aus! Ich bin schon müd und muß auch endlich mal hinaus!»

11. «Hast du die Bonbons mit, Mama, schau doch mal nach! Pack leise aus den Kuchen, sonst wird Hasso wach!»

12. «Nun regnet es in Strömen, drehn wir lieber um!» «Das geht nicht auf der Autobahn, – 's läuft alles krumm!»

13. «Ich hab' genug, so schnell es geht will ich nach Haus!» «Doch nächsten Sonntag fahren wir dann wieder aus!»

# Meine Eisenbahn

Kind

Lehrer

Mei - ne Klei - ne

Tsch, tsch, tsch, tsch, tsch, tsch,

*(Langsam immer schneller werdend)*

Ei - sen - bahn, die wird ganz groß, fährt sie mal an,

tsch, tsch, tsch, tsch, tsch, tsch,

*(immer schneller)*

und dann rast sie durch die Fel - der, fliegt da - hin so

*(so schnell es geht)*

durch die Wäl - der, doch dann bremst sie — sollst mal sehn! —

*(langsamer werden)*

und bleibt in dem Bahn - hof stehn!

*(immer langsamer)* *(ganz langsam)*

50

**Text selber machen!**

z. B.   Heut regnet's und kalt ist's,
das macht uns wenig aus,
wir sitzen gemütlich
in unser'm warmen Haus!

oder: Ich fahr mit dem Velo*
so über Stock und Stein,
hier gibt's keine Straßen,
so richtig querfeldein.

\* Schweizer Ausdruck für Fahrrad.
  Hier auch mit «Fahrrad» möglich.

Hier aber – und bevor wir die musikalische Entwicklung des Drei- bis Vierjährigen weiter besprechen und lenken wollen, unterbrechen wir den Ablauf noch einmal, um an ein wichtiges Kapitel zu gehen, das so vielen Erwachsenen und Musikerziehern ernste Sorgen bereitet und das besonders oft den Anlaß bietet, ein Kind mit dem ungerechten Vorwurf der «Unmusikalität» zu kränken: das Kind singt «falsch»...

# Falschsingen ist heilbar

Wir haben die Eltern dazu angehalten, dem kleinen Kind vorzusingen; nicht so sehr ganze Lieder, die vielleicht noch zu lang für seine rudimentäre Auffassungsgabe sind, wohl aber Einzeltöne oder kleine Tonfolgen, wie etwa den Kuckucksruf (wie er im bekannten Kinderlied tönt, an das der lebendige Kuckuck im Wald sich nicht immer hält) oder das Polizei- und Feuerwehrsignal, welches das Kind in den modernen Städten zu seinen frühesten Hörerfahrungen zählt. Mit jedem Wachstumsfortschritt sollen auch die Anforderungen an sein Gehör gesteigert werden. Aus zwei Tönen werden drei, werden kleine «Sätzchen», die am besten immer wieder neu improvisiert werden. Auf jede unserer musikalischen «Fragen» an das Kind (die aus 2, 3, 4 oder wenig mehr Tönen bestehen) wird dieses allmählich ganz von sich aus versuchen zu «antworten». Das kann mit einer ähnlichen Tonfolge geschehen, – aber auch mit einer gänzlich anderen, was keinesfalls als negatives Zeichen bewertet werden darf. Fast würden wir die entgegengesetzte Meinung äußern. Das Kind hört viele Unterhaltungen Erwachsener mit an. Die können zwar auf beiden Seiten mit dem gleichen Vokabular beginnen – «Guten Morgen» zum Beispiel –, aber schon die Tonhöhe, der Stimmklang, der Ausdruck der beiden Partner werden gänzlich verschieden sein. Hernach spricht jeder von ihnen seinen «Part»:

der eine fragt «Wie geht es Dir?», der andere antwortet «Danke, sehr gut, und Dir?» Das Kind hat ähnliches unzählige Male in der Nähe seines Bettchens, bei «Ausfahrten» oder Ausgängen auf der Straße gehört. Seine Beobachtungsgabe zeigt ihm verschiedene Individualitäten, verschiedenen Wortlaut und dadurch ein abwechslungsreiches «Miteinander». Es liegt also nahe, daß es anders «antwortet» als es «gefragt» wurde: beides erfolgt durch Klänge, bei denen für das Kind Sprechen und Singen nicht weit auseinander liegen, ja sogar dasselbe zu sein pflegen. «Fragt» die Mutter also mit einer kleinen Tonfolge, so freut sich das Kind, beliebig darauf «antworten» zu können: nachahmend oder vielleicht bewußt anders – woraus recht interessante Schlüsse auf seinen zukünftig deutlich hervortretenden Charakter gezogen werden könnten ...

Nun werden auch die musikalischen Ansprüche erhöht werden können. Die Tonfolgen werden länger, richtige kleine Lieder erklingen. Das Interesse des Kindes steigert sich, es findet Vergnügen an den Melodien, an den Rhythmen (die vielleicht beim Vorsingen mit einem Finger mitgeklopft werden können). Es wird versuchen, die Melodien nachzusingen (und wahrscheinlich auch das Klopfen des Rhythmus nachzuahmen).

Ein Kind, das den kleinen, von uns vorgeschlagenen «Lehrgang» seit frühesten Tagen mitgemacht hat, wird nicht die mindeste Schwierigkeit haben, eine ganze Reihe von einfachen Kinderliedern nachzusingen und in sein Gedächtnis aufzunehmen. Doch sehen wir uns einmal an, wie es mit jenen Kindern gehen kann, die erst jetzt, mit drei oder vier Jahren, in einen ersten Kontakt mit der Musik gebracht werden. Ein Teil von ihnen wird den Test des Nachsingens eines kleinen Kinderliedes ohne Anstrengung und ohne (oder fast ohne) Fehler bestehen. Doch bei anderen werden Schwierigkeiten auftauchen. Sie werden die geforderten Töne nicht richtig wiedergeben können. Es wäre nun wichtig, die Gründe dieses «Danebensingens» zu erforschen, das zumeist bösartig auch «Falschsingen» genannt wird, so als wolle man einen ungewohnten oder ungeschickten Kartenspieler gleich als «Falschspieler» bezeichnen. Es kann ganz einfach Mangel an Übung, an Erfahrung sein; denn es gibt Kinder (so traurig dies auch ist), die erst im Kindergarten die Bekanntschaft mit Kinderliedern und ihrem Singen machen. Mit ihnen wäre der «Lehrgang» nachzuholen, den wir seit der Geburt durchgeführt haben: das Singen von Einzeltönen, von kleinen Tonfolgen, das Unterscheiden von hohen und tiefen Tönen, das Erfassen einfachster Rhythmen, vom Händeklatschen im Herzrhythmus ausgehend. Da dies aber nur selten möglich sein wird, müssen wir den Prozeß ein wenig abkürzen, was auch dank den geistigen Fortschritte des Kindes möglich sein sollte.

Immerhin soll man bedenken, daß die auf dem See schwimmenden Entlein 27 Töne haben, das «Hänschen klein» 24, und daß es selbst unter den allereinfachsten Weisen nicht leicht fällt, solche mit weniger als zehn Tönen zu finden. Verlangen wir von unserem Kinde, es solle beim ersten selbständigen Gehversuch 24 oder 27 gerade, richtige Schritte tun? Oder es solle bei seinem frühesten Plaudern 24 oder gar 27 richtige Worte aneinanderreihen? Keinem Erwachsenen fiele das jemals ein. Aber wir verlangen, das Kind solle eine solche Zahl richtiger Noten auf Anhieb singen können! Daraus ergibt sich, daß wir behutsamer vorgehen müssen: drei, vier Töne, dann weitere zwei oder drei, durchwegs in kleinen (nicht kleinsten, also chromatischen!) Intervallen: am besten Ganztöne – also stufenförmig aneinandergereihte – oder im Terzabstand. Geduld haben, bis das Kind solche winzige Melodien erfaßt hat und wiedergeben kann! Nicht beharren, wenn es im Augenblick Schwierigkeiten zeigt! Anderes einschieben und dann auf die Schwierigkeit zurückkommen, wenn möglich in anderer Form, anderem Zusammenhang!

Eine wichtige Frage muß in diesem Zusammenhang noch einmal angeschnitten werden. Die Stimme des Kindes entspricht in Bezug auf die Töne, die sie umfaßt, jener der (mittleren) Frauenstimme. Ihr «Zentrum» befindet sich dort, wo die ersten Töne der (Sopran- oder C-) Blockflöte sind: C, D, E, F, G, A etwa. Es gibt auch Kinderstimmen, die bis in wesentlich größere Höhen reichen: H, c, d, e und manchmal noch darüber. Ob wir diese Töne in unsere musikalische «Früherziehung» einbeziehen sollen? Es gibt auch Kinder, die sich bei ersten Gehversuchen besonders geschickt und ausdauernd zeigen; sollen wir deswegen große Distanzen oder Hindernisse schon in ein Frühprogramm einbauen? Kaum, oder nur mit größter Vorsicht. Eltern, die in solchen «ungewöhnlichen» Tönen ihrer Kinder künftige Opernstars wittern, sei zur Vorsicht geraten, ein Forcieren kindlicher Stimmen kann sich schädlich auswirken. Und zur «Ausbildung» ist es ohnedies viel zu früh. Trotzdem ist kein Grund zur Besorgnis gegeben, auch wenn das Kind hie und da einmal in «große» Tonhöhen hinaufzusingen Lust verspürt. Die Kinderstimme ist enorm robust. Hat der Leser sich noch nie gewundert, mit welcher (wahrhaftig eines Opernsängers würdiger) Kraft und Ausdauer ein Baby schreien kann?

In einem Zeitraum von wenigen Wochen oder Monaten wird das Kind «intonieren» lernen, also den richtigen Ton treffen. Dazu aber ist eines nötig: die Versuche müssen in der Stimmlage ausgeführt werden, die ihm entsprechen. Wie aber findet man die? Man greife zum Klavier (soweit vorhanden) oder zur Blockflöte oder zu irgendeinem anderen Instrument, das zur Verfügung steht: der Handorgel, dem Akkordeon, der Zither, der Geige usw. Man spiele die Melodie der «kleinen Entlein», zuerst beispielsweise in C-Dur. Wird sie genau so nachgesungen, ist alles in Ordnung und der Norm entsprechend. Gibt es Schwierigkeiten bei einem oder mehreren Tönen, so beginnt unsere Suche. Die Erfahrung lehrt, daß bei sangesungewohnten Kindern die richtig getroffenen Töne zumeist unter dem «Normalniveau» liegen. Man transponiere das Lied also um einen Halbton abwärts. Genügt das nicht, dann abermal um einen Halbton und so fort. Um es allen Eltern klar zu machen, setzen wir diese schrittweisen Transpositionen (Versetzungen) hierher (die allerdings mit der C-Flöte nicht vollzogen werden können):

Das müßte genügen, hier sollte die Kinderstimme, die wir eben testen, zur richtigen Intonation gekommen sein. Natürlich können diese Versuche oftmals wiederholt werden. Es gibt Kinder, die sofort das Richtige treffen werden, wenn wir ihnen mit Hilfe der Transpositionen entgegenkommen, bei anderen wird es länger dauern. Das richtige Intonieren setzt eine einwandfreie Verbindung zwischen Gehör und Stimmapparat voraus, und die stößt gelegentlich auf Hemmungen oder Schwierigkeiten besonders (oder nur) bei singungewohnten Kindern. Beide sind jedoch – und zumeist leicht, das heißt: in wenigen Tagen oder gar Stunden – zu überwinden.

Was wir suchen ist jene Stimmlage, in der das Kind den richtigen Ton, die richtigen Töne trifft. Ich nenne diesen Tonraum: das Zentrum der Stimme. Jede, tatsächlich jede Kinderstimme besitzt ein solches Zentrum. Man muß es nur finden, und dies ist kaum anders möglich als durch schrittweises Suchen, eben durch das Transponieren. Falls solche Versuche überhaupt notwendig sind! Vergessen wir nicht, daß ein riesiger Prozentsatz der Kinder – er dürfte 80, vielleicht sogar 90% erreichen – «von selbst» richtig singt, wodurch sich diese Experimente, ja dieses ganze Kapitel erübrigen. Doch wir wollen auch den restlichen 10 oder 20% helfen, an der großen Freude des Singens teilhaben zu können. Setzen wir die Versuche daher fort. Ist das «Zentrum» gefunden, so kann von ihm aus der Stimmumfang des richtigen Intonierens schrittweise erweitert werden. An den vielleicht einzigen Ton, der vom Kind richtig getroffen wurde – und dann wahrscheinlich immer richtig getroffen werden wird – reihen wir einen nächsten. Liegt das Zentrum tief, so wäre eine Ausdehnung aufwärts, in höhere Klangregionen anzuraten. Diese Ausweitungen werden zu Anfang kaum mehr als schrittweise erfolgen können. Aber es sind mir auch Fälle vorgekommen, in denen mit der Auffindung des «Zentrums» und dem Singen in dieser Region sehr plötzlich ein Widerstand weggeräumt schien, so daß sehr bald die Stimme sich über völlig normale Räume hin richtig entfalten konnte. Der Grund für das «Falschsingen» liegt nur zum geringsten Teil im Gehör, viel eher jedoch in Hemmungen des Stimmapparates. Und dies nicht selten auf psychischer Grundlage! Hier gilt es, dem Kind das Vertrauen zu geben, es könne singen (auch wenn es das noch nicht kann), es könne gerade so singen wie seine älteren, beneideten Geschwister, wie seine Spielkameraden. Später: wie seine Schulgefährten.

Nicht viel anders ist unsere Vorgangsweise, wenn es sich beim Kinde um die fast immer von vielen Lehrern und Erziehern als «unmusikalisch» bezeichneten «Brummer» handelt. Ein «Brummer» ist ein Kind, das nicht nur Einzeltöne falschsingt, sondern bei jeder ihm vorgeschlagenen Melodie auf einem tiefen Ton verharrt, den nach oben oder unten zu bewegen ihm kaum möglich ist. Aber auch dieser «Schrecken» so vieler Klassen und Kinderchöre ist heilbar. Wir haben es hier immer noch mit den Drei- bis Vierjährigen zu tun und das erleichtert die «Behandlung» wesentlich. Denn innerhalb einer größeren Gruppe oder Schulklasse wird sie kaum mehr möglich sein. Ist schon der Versuch mit dem «falschsingenden» Kind nur individuell durchzuführen – darauf müßte

56

sich eine richtig verstandene «musikalische Früherziehung» einstellen können – so kann die Heilung der «Brummer» überhaupt nur in Einzeltherapie erfolgen. Also der Eltern mit ihrem Kind. Am besten, man setzt keine Frist an, um nicht unter Druck arbeiten zu müssen. Denn gerade ein Druck ist es, den wir vom «Brummer» nehmen müssen, der nahezu immer psychischen Ursprungs ist und vielerlei sehr verschiedene Ursachen haben kann. Es dürfte wenig Sinn haben, bei Drei- und Vierjährigen nach der Ursache dieses Traumas zu suchen; viel wichtiger ist es, dem Kind das irgendwie gestörte Verhältnis zur Musik und zur klingenden Umwelt zurechtzurücken. Man erwecke seine Neugier, seine Aufmerksamkeit durch schöne oder eigenartige Klänge (was durch Klavierspiel, in diesem Falle auch mit geeigneten Schallplatten geschehen kann, immer vorausgesetzt, daß nicht zu laut, zu dramatisch, zu schnell gespielt wird). Und dann beginne man mit genau den gleichen Versuchen, die wir früher beschrieben haben. Man transponiere ein bekanntes Kinderlied so oft hin und her, bis man es in die Lage gebracht hat, in der das Kind «brummt». Denn auch Brummen hat eine Tonhöhe! Diese liegt zumeist tief, sehr tief für eine Kinderstimme. Aber wir müssen dies akzeptieren. Wir spielen das Lied von den Entlein, das vom kleinen Hänschen oder irgendein anderes, in der Tonlage, in der das Brummen des Kindes sozusagen «mitten drin» liegt. Und es wird wahrscheinlich nicht lange dauern, bis die vorher auf einen einzigen Ton fixierte Brummstimme nun zögernd den Noten des Liedes zu folgen suchen wird. Mit dieser ersten Wahrnehmung einer Stimmbewegung – und sei sie noch so gering-

fügig – ist auch der erste Sieg erfochten, der entscheidend sein kann. Zumeist ist alles andere nur noch eine Frage höchster Geduld. Die Stimme scheint geschmeidiger zu werden, bewegt sich immer weiter nach oben und unten. Der entsprechende Ton, den wir zuerst, oft ziemlich mühsam, gesucht haben, weitet sich zu zweien, dreien, vieren, die richtig intoniert werden. Leicht in einen Chor zu integrieren wird eine solche Stimme allerdings kaum sein: oft behält sie, auch wenn sie längst richtig intonieren gelernt hat, ihre ungewöhnlich tiefe Lage bei, ein Zustand der sich nicht einmal mit der Pubertät grundlegend ändern muß. Aus einer solchen Stimme – es handelt sich bei «Brummern» ungleich öfter um Knaben als um Mädchen – entwickelt sich später zumeist eine Erwachsenenstimme in tiefer Lage, ein Baß oder Alt. Wenn ängstliche Eltern einen «medizinischen» Grund für die ungewöhnlich tiefe Stimmlage ihres Sprößlings suchen wollen, so wäre vielleicht ein leicht veränderter Hormonhaushalt zu finden, doch ist nicht sicher, ob ein verständiger Arzt raten würde, ihn zu behandeln, da kaum eine eigentliche Krankheit, sondern nur eine Anomalie vorhanden sein dürfte. Wenn also überhaupt eine ärztliche Konsultation, dann höchstens bei Mädchen. Es handelt sich um keine Krankheit. Und das «Brummen» ist heilbar, wie wir hoffen gezeigt zu haben, mit Können und Geduld.

Wirklich unheilbare «Brummer» müßten ihren Fehler mit ziemlicher Sicherheit im physischen Bereich des Gehörs suchen: und dafür ist dann allerdings der Arzt zuständig, der Spezialist. Doch auch dem «Brummer» ist die Teilnahme an der aktiven Musikwelt keineswegs verwehrt. Es gibt ja, wie wir sagten, zwei Grundtypen der Musikalität: einen melodischen und einen rhythmischen. In (kaum existenten) Idealfällen sollten beide sich etwas die Waage halten. Bei Kindern, die Schwächen in der richtigen Intonation zeigen oder gar hartnäckige «Brummer» sind, kompensiert die Natur dies auffallend häufig durch eine besondere Hinwendung, ja sogar Begabung im Rhythmischen. Gelangt ein «Brummer» ins Schulalter – zumeist weil kein erfahrener und geduldiger Musikerzieher sich vorher seiner angenommen hat – so sei dem Lehrer schon hier angeraten, ihn mit rhythmischen Aufgaben, also mit dem Schlagzeug zu betrauen, wo er wahrscheinlich Ungewöhnliches leisten wird.

«Falschsingen» in jeder Form ist heilbar, das ist der Sinn dieses Kapitels. Es stellt zugleich einen Aufruf an die Eltern dar, sich niemals damit abzufinden, daß gerade ihr Kind nicht richtig singt. Sie werden eine solche «Tatsache» oft auf eigene diesbezügliche Mängel zurückführen: «Ich kann auch nicht singen», haben mir hunderte von Müttern gesagt oder «Die Familie meines Mannes hat überhaupt kein Musikgehör». Musikalische Begabung kann vererblich sein; doch gibt es gerade so viele Fälle berühmter Musiker, in deren Ahnenreihe von einer diesbezüglichen Begabung überhaupt nie die Rede war, wie solche, deren Vorfahren schon auf diesem Gebiet Aufmerksamkeit erregten. Musikalität aber ist jedem Menschen angeboren. Sie muß von Geburt an entwickelt werden, wie jede andere Fähigkeit auch – sonst verkümmert sie, wie es eben bei den genannten Müttern oder der Familie solcher Väter zweifellos der Fall war. Mit dem Kind aber hat dies nur in sehr geringem Maße zu tun. Ein gelähmter Vater kann einen glänzenden Leichtathleten zum Sohn haben. Die alte Frage, was für einen Menschen bestimmend sei: die Erbanlagen oder die Erziehung oder die Umgebung, in der er heranwächst, ist nie entscheidend beantwortet worden. Für die Musikalität, die wir der ganzen Menschheit zuschreiben und wünschen, sind keine besonderen Erbanlagen nötig. Aber es ist ein unschätzbares Glück, daß es solche manchmal gibt und Genies hervorbringen, die Licht und Liebe in unserer Welt zu verbreiten imstande und berufen sind.

Eine Lehre aus diesem Kapitel: Musikalität und musikalische Begabung sind nicht das gleiche: erstere besitzen alle, letztere wenige.

# Das Kind
## erweitert seinen musikalischen Horizont

Das Kind kann nun gehen, es läuft im Hause herum und findet den Weg zum Rundfunkapparat, zum Fernseher. Die sind ja so leicht in Betrieb zu setzen! Ein Druck auf den richtigen Knopf und schon sind die Klänge da oder gar Klänge und Bilder; das Kind kann nicht ahnen, daß seine Großeltern, ja seine Eltern noch diese heute als selbstverständlich empfundenen Attribute unseres Lebens als Wunder empfanden.

Wir haben in den frühesten Lebenstagen des Kindes vom Mißbrauch der dauernden «Musikberieselung» gesprochen und davor gewarnt. Jetzt müßten wir diese Warnung noch verstärken. Ein solches «Dauerhören» stumpft Gehör und Aufmerksamkeit ab. Nach einer kurzen Periode der Neugier folgt unweigerlich die Gleichgültigkeit. Die Musik wird zur «Kulisse», die nicht mehr wahrgenommen wird. Das ist gleichermaßen schädlich für die Musik wie für das Kind. Die Musik wird degradiert, herabgewürdigt zur «Begleitung» der gewöhnlichsten, banalsten, alltäglichsten Verrichtungen; das Kind wird in seinen Wahrnehmungen abgestumpft, geradezu taub gemacht gegenüber einem der größten Werte unseres Lebens und unserer Kultur. Aus Kindern, die in frühen Jahren ununterbrochen mit Musik «berieselt» wurden, werden junge Menschen, die ohne *walkman* so gut wie nichts mehr tun können, nicht studieren, nicht Eisenbahn fahren, nicht auf der Straße gehen, nicht essen und wahrscheinlich auch nicht lieben. Es werden akustisch völlig abgestumpfte Menschen, auf dem Wege zur völligen Gleichgültigkeit allen gehörsmäßigen Eindrücken gegenüber. Die Musik, Quelle von Klarheit, Schönheit, Lebensgefühl, innerer Bewegtheit, Freude wird zur Droge, zum Psychopharmakum, das Empfindungen einebnet und abtötet, zur Zwangsjacke, die schließlich in vollkommene Lethargie, in das Verkümmern gesunder Lebensinstinkte führen kann.

Es wäre lächerlich, heute eine Musikerziehung ohne Einbindung elektro-akustischer Geräte vertreten zu wollen. Aber diese sollen klug, zweckmäßig und sparsam eingesetzt werden, um aus ihnen ein Maximum an Wirkung herauszuholen.

Die «lebendige» Musik soll auch weiterhin die Grundlage unseres Tuns bilden. Dem Kind sollen im gegenwärtigen Zustand nur solche Musikstücke über den Lautsprecher oder den Bildschirm zugeführt werden, die im weitesten Sinn die Qualifikation des Kindertümlichen verdienen. Das schließt weite Gebiete der «Klassik» ein. Heutige Kinder erfahren schon sehr früh, daß sich viele Musiker zu einem «Orchester» zusammentun können und welche zauberhaften Klänge sie hervorzubringen imstande sind. Daß wir beim Anhören von Orchstermusik solche vorziehen, die dem Kind bekannte Dinge «schildert», ist klar: Das Wasser zum Beispiel, das in hunderterlei Formen in der Musik nachgeahmt werden kann, als Tropfen, Bach, Regen, Fluß, See, Meer. Den Wind, vom leisen Säuseln in den Blättern bis zum gefährlichen Sturm, dessen Gewalt der Mensch fürchtet. Den Frühling mit seinem Auftauen der Gewässer, seinem Blühen, seinem ersten lauen Sonnenschein, seinem Erwachen der Natur. Wir können mit vielerlei Musik dem Kind eine echte Hörfreude bereiten und zugleich seinen akustischen Horizont bedeutend erweitern. Der Phantasie der Eltern sei so wenig eine Grenze gesetzt, wie sie die des Kindes aufweist. Und bei besonders phantasievollen Kindern wird es nicht ausbleiben, daß sie auch zu nicht-programmatischen, nicht-schildernden Musikstükken eigene Geschichten erfinden oder den unseren, im Augenblick improvisierten entzückt lauschen: zu einer der frühen Mozart- oder Haydn-Sinfonien etwa, zu leichteren Stücken der Barockmusik, unter denen es manche «tonmalerische» gibt.

Gerade in älteren Werken kommen stark fühlbare rhythmische Elemente vor, besonders wo es sich um Tänze handelt. Wir wollen sie zum Ausgangspunkt rhythmischer Spiele machen. Das Kind möge «mitklatschen», was es mit Freude und fast von selbst tun wird. Sehr bald wird eine solche Übung zu leicht. Verlangen wir also, das Klatschen solle sich in seiner Stärke genau nach der Musik richten: laute Stellen werden mit starkem, leise mit schwachem Klatschen begleitet. Sehr rasch ist auch das erlernt. Nächster Schritt: Das Kind soll beim Erklingen hoher Noten in Kopfhöhe, bei höchsten sogar noch darüber die Hände zusammenschlagen, bei tiefen dürfen die Hände höchstens in Kniehöhe betätigt werden und bei ganz tiefen Tönen bücken wir uns oder gehen gar in die Knie.

Nun schlagen wir ein neues Spiel vor: anstatt in die Hände zu klatschen oder gemeinsam mit diesem verlangen wir, das Kind solle dem vorgegebenen Takt oder Rhythmus mit den Beinen folgen. Eine gute musikalische Früherziehung – und Erziehung überhaupt – darf nicht ohne Bewegung vor sich gehen. Und jetzt wird sich zeigen, daß das Im-Takt-Gehen viel schwieriger ist als das «Im Takt-Klatschen». Es wird einiger Versuche bedürfen, bis es restlos gelingt. Solche Übungen lassen sich begreiflicherweise besser mit dem Klavier begleiten als mit einer Platte, außer man benützt eine jener vor allem für Bewegungs- oder sogar Tanzübungen hergestellten Aufnahmen, die ein gleichmäßiges Schnellerwerden (Accelerando) oder Langsamerwerden (Ritardano) enthalten. Wer keine solche Platte besitzt und auch nicht genug Klavierspielen kann, hilft sich mit eigenem Händeklatschen: er beginnt im Marschtakt und steigert das Tempo allmählich und gleichmäßig, bis ein Geschwindmarsch daraus geworden ist. Das Kind geht nach dem Händeklatschen der Eltern, wird also schneller, wo sie dies mit dem Klatschen verlangen und verlangsamt seinen Schritt im entgegengesetzten Falle. Natürlich muß eine solche Entwicklung nicht stets in der gleichen Form durchgespielt werden: auf ein Accelerando kann, bevor noch der Höhepunkt erreicht ist, ein Ritardando folgen, das nur kurz währt, bis es von einem neuen Schnellerwerden abgelöst wird, usw.

Es hängt von der individuellen Entwicklung des Kindes ab, ob man dem Vierjährigen schon eine schwierigere, aber höchst amüsante Aufgabe stellen kann: es möge ein gehörtes Musikstück in Bewegung umsetzen. Ganz einfach gesagt: es solle sich zur Musik bewegen, es solle «tanzen». Auch hier erwarte man beim ersten und zweiten Mal keine Wunderdinge. Das Kind, das bereits eine Reihe von taktmäßigen Gehübungen ausgeführt hat, wird nun mit diesen fortfahren. Wir ermuntern es: es solle auch die Arme bewegen. Wie schwer ist das zu Beginn und so ungewohnt! Aber vielleicht beim achten oder zehnten Male – nicht vergessen: Geduld ist die oberste Pflicht jedes Erziehers – scheint dem Kind plötzlich eine Ahnung von dem zu kommen, was wir von ihm erwarten und was es eigentlich recht gut ausführen kann. Das Kind wird «tanzen», wird immer gelöstere, immer rhythmischere und dabei immer graziösere Bewegungen zur Musik vollführen. Wie wichtig das für das kommende Leben werden kann, muß nicht ausgeführt werden. Schauen Sie einen Augenblick aus dem Fenster und beobachten Sie die Vorübergehenden: wie schrecklich ungraziös, wie gerade plump gehen die meisten, watscheln wie Enten oder wie Schwäne auf dem Lande, ohne je deren hinreißende Eleganz im Wasser zu erreichen ... Graziös bedeutet: anmutig, angenehm, harmonisch, – nicht etwa gekünstelt oder maniriert oder verweichlicht. Den Mädchen sollte eine kleine Dosis Charme bereits in der Jugend eingeimpft werden, und den Jungen hat sie bei aller Betonung echter Männlichkeit, noch nie geschadet.

Musik und Bewegung gehören zusammen, das ist eine unwiderlegbare Grundtatsache. Wir werden noch öfter darauf hinweisen. Im Zeitalter, in dem auch ein Knirps von vier Jahren Gelegenheit erhält, im Fernsehen – und vielleicht sogar bereits im Konzertsaal – dem Spiel eines großen Orchesters zuzusehen und dabei vor allem den faszinierenden Dirigenten zu beobachten – in diesem Alter dünken alle Dirigenten faszinierend –, kann man mit solchen Kindern die ersten «dirigentischen» Übungen machen. Sie werden begeistert folgen und nicht wenig aus eigenem dazutun. Wir wollen zuerst gar nichts anderes als daß unser Kind, statt taktmäßig in die Hände zu klatschen, mit den Armen (oder dem rechten Arm allein) einen einfachen Zweitakt schlägt: die Bewegung beginnt oben, der Arm fällt bei einem Akzent der Musik und steigt beim nächsten Taktteil wieder zu seiner Anfangsposition zurück. Nichts einfacher als das:

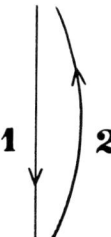

Damit soll unser Dirigieren vorläufig sein Ende haben. Das Wesentliche ist, das Kind den Takt «erleben» zu machen. Seine Arme sollen genau mit einem Schwerpunkt abwärts gehen, fallen, als beschwere sie in diesem Augenblick ein Gewicht. Das bedeutet, daß dieses Fallen der Hand keineswegs immer mit dem ersten Ton der Musik in Bewegung geraten muß. Das Kind soll lernen zu spüren, wann dieser Augenblick des Fallen-Lassens der Hand eintritt. Damit hat es ein Gefühl für den sogenannten «schweren» oder «guten» Taktteil erworben, einen wichtigen Schritt zur Entwicklung der rhythmischen Musikalität getan. Damit könnten wir uns in diesem Stadium wahrhaftig begnügen. Aber es wird das Kind selbst sein, das uns weitertreibt. Es wird von nun an versuchen, zu jeder Musik, die es hört, zu «dirigieren». Und da wird seiner Musikalität nicht entgehen, daß mit dem Fallen und Steigen nicht alles getan ist. Und wir werden nicht umhin können, dem Kind auch die andere Taktart zu erklären, den «Dreitakt». Der ein wenig musikkundige Leser wird sich vielleicht wundern, warum im vorhergehenden Satz «die» (andere Taktart) steht und nicht «eine», wie er wohl erwartet hätte. Nun, beim Aufblättern irgendwelcher Notenbücher treten uns wirklich eine ganze Menge von Taktarten entgegen: ²⁄₄, ³⁄₄, ⁴⁄₄, ⁵⁄₄, ⁶⁄₄, ⁷⁄₄, ²⁄₈, ³⁄₈, ⁴⁄₈, ⁵⁄₈, ⁶⁄₈, ⁷⁄₈, ²⁄₂, ³⁄₂, ⁴⁄₂, ²⁄₁₆ usw. usw., geradezu verwirrend und fast ebenso überflüssig wie viele andere Komplikationen unserer Musiktheorie. Zur Beruhigung der Leser sei festgestellt, daß sämtliche gängigen Taktarten auf zwei reduziert werden können: auf 2 und 3. Mit ihnen läßt sich die gesamte Taktvielfalt meistern. Der Viertakt besteht aus zweimal zwei, der Fünftakt aus zwei plus drei oder drei plus zwei, der Sechstakt aus zweimal drei (nicht dreimal zwei!), der Siebentakt läßt sich zerlegen in 2 plus 2 plus 3 oder 3 plus 2 plus 2 oder 2 plus 3 plus

2. Mit dem Dirigierenkönnen des Zwei- und des Dreitakts ist – zumindest für das Kind, den jungen Menschen und den Musikliebhaber – alles lösbar, jede Taktart in den Griff zu bekommen. Ob der Dirigent Halbe, Viertel oder Achtel «schlägt» ist gleichgültig und nicht erkennbar; es spielt auch nur für den Komponisten eine Rolle, der mit diesen Unterschieden besondere Feinheiten andeuten will.

Also lernen wir den «Dreitakt». Der wird dirigiert, indem auf 1 – dem schweren oder guten Taktteil – die Hand fällt, sie bei 2 nach rechts möglichst waagerecht geht, um bei 3 scharf umzubiegen und den Weg aufwärts zum Ausgangspunkt zurück zu nehmen. Eine kleine Schwierigkeit kann darin bestehen, daß ein vierjähriges Kind noch nicht unbedingt wissen muß, wo links und rechts ist. Hier kann man ihm am Anfang helfen mit Befehlen wie «zum Fenster» oder «zur Türe» oder was eben immer rechts stehen oder sein mag. Das Bild des Dreitakts sieht so aus:

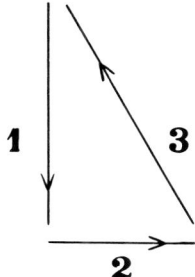

In wenigen Minuten wird das Kind auch diese Bewegung erlernt haben und völlig beherrschen, – ausgenommen, es sei vielleicht «motorisch gestört», was nicht sehr häufig vorkommt und wogegen solche Übungen gerade eine sehr gute Therapie darstellen. Das Wesentliche an diesem frühen «Dirigieren» – ein etwas großes Wort für das, was wir machen, aber es verursacht den Kindern begreiflicherweise besonderen Spaß – ist das Zusammenwirken von Kopf und Hand, von Gehör und Bewegung. Die Dirigierbewegungen sollen zwar kurz «trocken» gelernt, dann aber sofort mit Musik in Verbindung gebracht werden. Das «Dirigieren» erfolgt dann zu Musik, die Mutter oder Vater auf einem Instrument spielen oder die mit Hilfe einer Platte produziert werden kann. In letzterem Falle eignet sich Musik aus Barock oder Klassik am ehesten, denn sie weist die wenigsten Taktwechsel und Tempoänderungen innerhalb eines Stückes auf. Die Übereinstimmung der Handbewegungen mit dem Fluß der Musik soll so natürlich wie möglich sein, so selbstverständlich, völlig angepaßt und elastisch es nur geht. Das Kind muß die Musik «spüren», das ist das Wichtigste an diesen Übungen, die erfahrungsgemäß größte Freude wecken. Sie werden den Grundstock für viele weitere bilden, zu denen wir in der nächsten Etappe kommen wollen.

Das Kind erweitert seinen Horizont, es beginnt mit der «Eroberung der Welt». In den früheren Etappen rieten wir dazu, keine zu raschen Tempi zu verwenden, da alles zu Laute und zu Schnelle dem kleinen Kind Angst verursachen könne. Nun aber beginnt die Phase, in der solche Gefühle allmählich in ihr Gegenteil umzuschlagen beginnen.

Den vier- und fünfjährigen Kindern – den Knaben vor allem – kann bald nichts schnell genug sein, ob es sich um «ihr» Auto oder eine Musik handelt.

Am Morgen dem Kind eine fröhliche, bewegte Musik vorzuspielen, kann es für den ganzen Tag «einstimmen», froh machen und zu Musik aufgelegt. Singen wir mit ihm ein paar Kinderlieder! Vom alten Schatz deutschsprachiger Kinderlieder sind leider nicht mehr sehr viele in lebendigem Gebrauch. Und bei nicht wenigen werden die Eltern den Texten gegenüber ihre Vorbehalte haben. Wir wiederholen also, daß es sich beim Singen mit Kindern nicht um sakrosankte Werke handelt, wie wenn ein Interpret im Konzertsaal ein Meisterwerk zu Gehör bringt, sondern Eltern und Musikerzieher völlig frei verfahren können; sie sollen ruhig an die Stelle von hochmütigen Prinzessinnen, dummköpfigen Königen, vor allem aber von Krieg und Schießen – auch von Sonntagsjägern, die unschuldige Tiere töten, die sich nicht wehren können und leben möchten – Dinge setzen, die einem heutigen Kind näher liegen und stärkeres Interesse abfordern können. Im übrigen ist nicht nur der Text beliebig «modulierbar», auch die Musik ist es. Zwar raten wir nicht dazu, altbekannte und beliebte Kinderlieder «umzukomponieren», wohl aber dazu, mit ein wenig Phantasie neue zu erfinden, – das wäre doch ein neues Familienspiel?

Am Abend dann ein Wiegenlied, also eine sehr ruhige, getragene Melodie ohne große Tonsprünge: so singen seit Jahrtausenden die Mütter ihre Kinder in den Schlaf. Und im Laufe des Tages ein- bis zweimal «Musikhören», mit einem leichten Plattenrepertoire.

Wie schon gesagt: Tempo und Lautstärke dürfen gegenüber den ersten Jahren nun deutlich gesteigert werden, aber beide sollten immer noch ziemlich weit unter den nur Erwachsenen zumutbaren Grenzen liegen. Vor zu schrillen, in höchster Opernekstase eingesetzten Stimmen sei immer noch gewarnt. Es hat auch lange noch keinen Sinn, das Kind mit längeren Tonwerken «vertraut» machen zu wollen, ihm ganze Sinfonien oder Kammermusikwerke vorspielen zu wollen, die es höchstens langweilen können. Zu oft spielen die Erwachsenen für sich selbst Musik, die sie selbst gerne hören möchten. Sie sollten aber ausschließlich an das Kind denken, dessen Erlebniswelt eben eine ganz andere ist. Kurze, melodisch sehr ausgeprägte Stücke oder solche, die einen prägnanten Rhythmus aufweisen, zeigen sehr schnell, ob sie das Interesse des Kindes finden. Die Stücke, die wir den Kindern vorspielen, müssen keineswegs immer der «ernsten» Musik angehören oder berühmte Komponisten haben. Man kann die Auswahl mit Unterhaltungsmusik, mit Volksmusik, mit Jazz mischen. Das oberste Gebot sollte lauten: Einfachheit. So wie wir einem Vierjährigen keine komplizierten Geschichten vorlesen, keine schwer erfaßbaren Bilder zeigen, so sollten ihm auch in der Musik nur Stücke nahegebracht werden, die einfach im Aufbau, einfach in der Melodik, einfach im Rhythmus, einfach im Klang sind.

Vergessen wir nicht, daß ein Rundfunk-, ein Fernsehapparat, ein Plattenspieler abgestellt werden können! Die Aufmerksamkeit des Kindes darf nicht überstrapaziert werden. Musik soll es nur hören, wann und wie lange es dazu wirklich «aufgelegt» ist und ihr mit Aufmerksamkeit zuhören kann. Die unglücklicherweise gebräuchlich gewordene «Berieselung» mit Musik, das sinnlose Laufen von Musikquellen als «Kulisse», als «Hintergrund» für andere Tätigkeiten bleibt nach wie vor – und für alle Zeiten – ausgeschlossen und strengstens verboten.

Musik ist Selbstzweck, aber sie ist auch Mittel zu verschiedenen Zwecken. Wenn wir dem Kind Musik geben, es in das weite Wunderland der Klänge einführen wollen, so zielen wir damit auf einen wichtigen Aspekt seines Menschseins. Ohne den musischen, den musikalischen Teil bliebe der Mensch ein Torso, sein Leben unvollkommen. Wir wirken mit der Musik auf Seele und Geist des Kindes, aber auch auf seinen Charakter, ja selbst auf seine physische Gesundheit ein. «Musik ist die Heimat der Seele» lautet ein schönes Wort. Aber auch dessen Umkehrung birgt einen tiefen Sinn: die Heimat der Musik ist die Seele. Was ist über die Seele nicht alles gedacht, gesagt, geschrieben worden! Vielleicht gerade weil sie so unfaßbar, ätherisch, unerklärlich, rätselvoll ist, «ein weites Land», wie der große Dichter Arthur Schnitzler sie genannt hat. Die bedeutenden Religionen der Erde betrachten sie als den unsterblichen Teil des Menschen. Rationalisten möchten sie mit dem Geist, dem Verstand, der Vernunft in engen Zusammenhang bringen oder gar gleichsetzen. Dichter, Künstler im allgemeinen, lieben sie mit dem Herzen in geheimnisvoller Verbindung zu sehen, wodurch sie dem Gefühl, der Empfindung sehr naherückt. So meint es Beethoven, der über den Satz «Missa Solemnis» die Worte setzt: «Von Herzen – möge es wieder zu Herzen gehen!»

Ob die Musikalität ursprünglich nur mit Gefühl, Empfindung, also Seele zu tun hat oder auch mit Verstand und Geist, dessen sie in späterem, entwickeltem und bewußt gepflegtem Zustand oft bedarf, sei hier nicht untersucht. Sie dürfte in beiden Regionen «zuhause» sein. Vielleicht wäre sogar ein Gleichgewicht zwischen beiden die ideale Form von Musik und Musikalität. Seele und Geist sollen in der Musik des erwachsenen Menschen eine möglichst gleichstarke Rolle spielen: Musikgefühl und Musikverstand. Im Kinde aber, dessen Geist und Verstand sich erst allmählich entwickeln, überwiegt zweifellos die Komponente des Gefühls. Der Leser wird vielleicht bemerkt haben, daß wir bisher seine Empfindungsfähigkeit viel stärker angesprochen haben als die verstandesgemäße Komponente, – ohne diese allerdings völlig beiseite zu lassen.

Es ist schwer genug, in jedem Augenblick genau zu wissen, was einem Körper bekommt und «gut tut». Viel schwerer noch ist es herauszufinden, woran eine kleine Kinderseele ihre Freude haben mag und was ihr «gut tut». Und so müssen wir besonders in der musikalischen Früherziehung ein wenig experimentieren, behutsam und liebevoll, wie bei einem Kinde, ja bei einem uns irgendwie anvertrauten Menschen selbstverständlich. Im Kinde ist die Klangwelt einer der stärksten Anreger der Phantasie, somit des Gefühls. Wir bilden also einen guten Teil des künftigen Gefühlslebens mit Hilfe der Musik im Kinde heraus! Der Klang weckt die Musikalität des Kindes und diese ist ein wesentlicher Bestandteil seiner Gefühlswelt. Im erwachsenen Menschen teilen sich wohl Geist und Seele, Verstand und Gefühl in die Rezeption von Musik. Im Kinde aber erweckt die Klangwelt zuerst einen Widerhall im Gefühl.

Musikalität ist – auch das wäre eine denkbare Definition – Gefühl für die Klangwelt, die von außen in die Seele dringt und dort Bilder, Träume, Vorstellungen, Gefühle, Empfindungen weckt. Bei jedem Menschen, bei jedem Kind wohl ein wenig andere. Musikalität ist Gefühl für Musik, Eindrucksfähigkeit irgendwelcher Art für musikalische Klänge.

# Der Aufbruch in die Gemeinschaft

Wichtigste Etappen des Kindseins liegen hinter uns. Nun nähern wir uns einem weiteren Schritt von größter Bedeutung: der Schule, die zwar zu Anfang noch «Kindergarten» heißt, aber doch schon in das wesentliche Erlebnis einführt: in die Gemeinschaft. Diese neue Erfahrung gilt es, für die Fortsetzung unserer «musikalischen Früherziehung» auszunützen. Wenn die Eltern das, was wir ihnen im bisherigen Verlauf des Buches nahegelegt haben, wirklich ausführen konnten, dann sieht die Kindergärtnerin sich einer musikalisch recht gut vorgebildeten Schar gegenüber, die viele Lieder singt und Grundbegriffe von Rhythmus als selbstverständliches Gut besitzt. Doch wir wollen nicht zu optimistisch sein und darum der Kindergärtnerin (oder dem Kindergärtner) seine Aufgaben und Möglichkeiten so schildern, als brächten die Kinder nichts mit als eine mehr oder weniger starke Neigung zu Melodie oder Rhythmus, wenn es gut geht: zu beiden.

Die Entwicklung soll nun, vokal wie instrumental, gefördert werden. Der Kreis der Lieder erweitert sich. Wieder stehen Kinderlieder im Vordergrund, aber die Suche nach unbekannten oder neueren muß intensiviert werden. Wieder sei musikbegabten Erziehern angeraten, gemeinsam mit ihren kleinen Schülern solche Liedchen zu «dichten» und zu «komponieren». Daß keine Meisterwerke dabei herauskommen können (wer

weiß?), muß in Kauf genommen werden, es ist auch nicht der Zweck der Sache. Aber der Versuch macht Lehrern wie Kindern ungeheuren Spaß, so viel steht fest.

Auf instrumentalem Gebiet sei nun zur stärkeren Verwendung des Xylophons geraten und bald zum Anfangsunterricht in Blockflöte. Das Xylophon (oder Xilofon) kann und soll einem Kind von zwei Jahren (oder noch früher) in die Hand gegeben werden. Aber auf dieser frühen Stufe war kaum mehr zu erzielen als ein lustiges Drauflosschlagen. Nun aber, mit ungefähr 3 – 4 Jahren, beginnt das Kind genauer auf die Töne zu lauschen, die es auf diesem Instrument spielen kann. Am besten nähme man ihm einen der beiden Schlegel vorläufig aus der Hand, denn wenn jeweils nur ein einziger Ton erklingt, wird das Ohr leichter auf diesen fixiert werden können. Und das Kind soll in allererster Linie hören lernen. Es ist ziemlich gleichgültig, ob das Xylophon aus Holz gebaut ist (wie sein vom griechischen *xylon* = Holz abgeleiteter Name will) oder aus Metall, ob es die Töne einer Dur-Tonleiter (C-D-E-F-G-A-H-C) oder chromatische Schritte (C-Cis-D-Dis-E-F-Fis-G-Gis-A-Ais-B-H-C) wiedergibt, annähernd rein gestimmt aber sollte es sein. Eine völlig «reine» Stimmung wäre eine Utopie und darüber sollten alle Musikerzieher sich klar werden: unser musikalisches System ist ein sogenannt

«temperiertes», also ein System, das in eine Art künstliche Vereinfachung gepreßt wurde. Daher also unsere Forderung nach «annähernd reiner» Stimmung. Man soll nicht auf unerreichbaren Idealen bestehen, und ein Erzieher schon gar nicht: es gilt, das Bestmögliche zu erreichen (womit nichts gegen die mir brüderlich sympathischen Idealisten gesagt sei!)

Auf dem Xylophon lassen sich vielerlei lehrreiche und amüsante Spiele durchführen. Im Kindergarten wird dies noch erleichtert, wenn mehr als ein einziges Xylophon zur Verfügung steht. Da wird es möglich, dem Kind erste Eindrücke von Zusammenklängen zu geben. Man nehme alle «Tasten» heraus, außer jenen, die auf C, E und G gestimmt sind. Und dann schlage man diese verbliebenen an, ganz gleichgültig, ob jedes Kind nur einen oder zwei davon spielt. Erst im Zusammenwirken der Xylophone entsteht der komplette Dreiklang. Ein anderes Spiel besteht im «Dialog», der schon auf einer früheren Stufe in primitiver Form vorgeschlagen wurde. Nun werden zwei Kinder – sie können mit je einem Schlegel vor dem gleichen Instrument sitzen oder stehen, aber auch jedes vor ein eigenes Xylophon postiert sein – aufgefordert, einen Dialog miteinander zu führen, ohne ein Wort und nur durch die Töne des Instruments. Es wird sicher einige Wochen dauern, bis es zu wirklich hübschen «Zwiegesprächen» kommt, die abwechslungsreich und ausdrucksvoll sein sollen. Aber das macht nichts, es zeigt an, in welchem Maße die Kinder sich in die ihnen zur Verfügung stehende Klangwelt einleben. Sie werden – wie überall und wie eigentlich selbstverständlich – recht verschiedene Eig-

nung und Fortschritte zeigen, aber es sollte kein einziges Kind geben, das zu einem solchen klingenden Dialog nicht fähig wäre. Das «Gespräch» weist keine Regeln auf, geradeso wie jedes andere Gespräch auch. In dieser völligen Freiheit der Improvisation liegen Reiz und Möglichkeiten unseres Spiels.

Daß die hier angegebenen Versuche auch zu Hause durchgeführt werden können, läßt sie uns in diesem Leitfaden für Eltern ausführlich besprechen. Jeder Elternteil sollte derartige musikalische Versuche in die Reihe allgemeiner Spiele aufnehmen, die er mit seinem Kinde spielt! Der klingende Dialog auf dem Xylophon regt die Phantasie ungemein an, denn gerade wie in einem echten Zwiegespräch ähneln die Sätze einander überhaupt nicht. Sie können in höherem oder tieferem «Tonfall» ausgesprochen werden, langsamer oder schneller, kürzer oder länger. Mit der Zeit wird das Kind darin eine solche Fertigkeit erlangen, daß der Partner oder die Zuhörer wirklich zu verstehen meinen, was die Sprechenden «gesagt» haben und ausdrücken wollen. Fragen werden mit einem höheren Ton enden, kurze Aussagen mit einem tieferen, die verschiedensten Rhythmen werden von selbst entstehen.

Das gleiche Spiel, wenn auch ohne Varianten in der Tonhöhe, ergibt sich, wenn wir anstatt zweier Xylophone zwei Tamburine, Bongos oder kleine Trommeln verwenden.

Die schon sehr früh vorgeschlagenen Bewegungsspiele sollen unter allen Umständen fortgeführt und ausgestaltet werden. Besonders wenn die Kinder während längerer Zeit beim Zeichnen, Malen, Modellieren fast bewegungslos in gleicher Haltung verblieben sind, müssen sie regelmäßig durch Bewegungsspiele aufgelockert werden. Ein Teil davon läßt sich besonders reizvoll mit Musik ausführen. Die Kindergärtnerin soll über ein Repertoire von kleinen Tänzen verfügen und über die entsprechenden Musikstücke dazu, ob sie diese auf dem Klavier oder der Gitarre, der Zither, dem Banjo, dem Akkordeon begleitet oder von einer der zahllosen Platten abspielt, auf denen speziell für Kinder geeignete Volkstänze vieler Länder festgehalten sind. Hier nun seien zwei grundverschiedene Forderungen aufgestellt. Der Erzieher kennt die Choreographie des Stückes, zeigt sie und leitet seine Schützlinge zum Nachahmen an. Das ergibt einen hübschen Reigen, ein Schreiten und Hüpfen, ein Drehen und «Figurenbilden», deren richtiges Erlernen viel Freude und Genugtuung bietet. Aber es gibt auch die entgegengesetzte Idee. Anstelle der vorgegebenen Bewegungen möge das Kind jene vollführen, die ihm einfallen zu dieser Musik. Die einzige Vorbedingung ist, daß sie in irgendeiner Weise mit der Musik übereinstimmen, die gerade ertönt. Wir haben in einem früheren Kapitel schon ähnliches beim kleineren Kind angeregt, nun schrauben wir unsere Erwartungen entsprechend höher. Der Körper des Fünfjährigen sollte schon zu recht ausdrucksvollen Bewegungen in «Erfüllung» einer Musik imstande sein. Auch hier gibt es natürlich wieder die größten Unterschiede, im allgemeinen werden die kleinen Mädchen sich bei einer solchen Aufgabe leichter tun als einige Knaben, die sicherlich eine beträchtliche Hemmschwelle zu überwinden haben werden, bevor sie ihre Gliedmaßen durch die Musik lösen lassen und sie in freier Gestaltung betätigen. Aber es wird möglich sein, mit viel Psychologie oder, viel einfacher, durch eine Annäherung an Sportarten: Turnen, Springen, Laufen, Lagenschwimmen usw. Und durch die Herstellung einer solchen Beziehung, die bei den Buben ratsamer ist als bei den Mädchen, entdeckt man, wie nahe einander Musik und Sport sein können. Wäre ein Eiskunstlauf ohne Musik überhaupt denkbar, dort wo er aus der Zwangsjacke der «Pflicht» hinaustritt in das unbeschränkte Reich der «Kür»?

Mit den Fünf- und Sechsjährigen läßt sich das «Dirigieren» ausbauen, wie wir es im vorhergehenden Stadium begonnen haben. Wir haben gezeigt, wie einfach man einen Zweitakt mit den Armen nachvollzieht – Arm fallen lassen und wieder aufwärts heben – und sogar schon das Funktionieren des Dreitakts erklärt: fallen lassen – nach rechts führen – aufwärts heben zum Ausgangspunkt. Das Allerwichtigste mit diesen an sich so einfachen Bewegungen aber ist und bleibt, daß sie in völligem Einklang und in Übereinstimmung mit der Musik erfolgen müssen. Die Bewegungen, und wären sie noch so gut ausgeführt, verlieren ihren Sinn, wenn sie nicht Musik «ausdrücken». Ist dieses Hauptziel einmal erreicht, so kann das «Dirigieren» weiterentwickelt werden. Ob die folgenden Fortschritte noch im Kindergarten zu erzielen sind oder erst in den unteren Schulklassen ist an sich unwichtig. Es hängt sehr davon ab, wie viel im Elternhaus vorbereitet werden konnte; ist dort nach unseren Ratschlägen vorgegangen worden, so dürfte das nun in den Kindergarten einrükkende Kind keine Mühe haben, auch die folgenden Schritte zu vollziehen. Auf jeden Fall wirkt sich die Arbeit in einer Gruppe bei diesen Versuchen segensreich aus, die «Konkurrenz» beflügelt den Einzelnen, das Vorbild der Fortgeschrittenen hilft dem Anfänger.

Als nächste Übung schlagen wir die Abwechslung zwischen dem geraden und dem ungeraden Takt vor, also dem Zwei- und dem Dreitakt. Hier wird es nicht ganz leicht sein, ein geeignetes Musikbeispiel zu finden, aber sowohl ein Elternteil wie die Kindergärtnerin sollten das auf dem Klavier nach einiger Übung fertigbringen können. Wir zählen 1,2,1,2,3,1,2,1,2,3,1,2 usw. wobei un-

bedingt notwendig ist, daß jede Zählzeit wie bei einer Uhr genau so lang ist wie die vorherige und die folgende. Versuchen wir zuerst, das Verlangte mit dem Klatschen der Hände nachzuvollziehen. Es muß ein völlig gleichmäßiges Klatschen sein, wobei jede 1 betont werden soll; dabei zählen wir, wie eben notiert, 1,2,1,2,3,1,2,1,2,3 usw. Dann, als nächsten Schritt, heben wir jeweils das 1 mit der Stimme ein wenig hervor, betonen es also, was wir gleich darauf auch durch ein stärkeres Klatschen können. Es ergibt sich also:

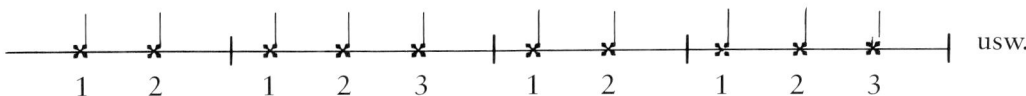

usw.

Dann erst versuchen wir es mit dem Dirigieren: bei jeder 1 fällt die Hand, genau wie wir es stets hielten, denn 1 ist der «gute» oder «schwere» Takteil, bei dem ganz einfach die Schwerkraft unseren Arm abwärts zieht. Handelt es sich um einen Zweitakt, so geht der Arm sofort wieder in die Höhe, zu seinem Ausgangspunkt zurück. Handelt es sich hingegen um einen Dreitakt, so muß der Arm zuerst nach rechts seitwärts gehen, um dann bei Zählzeit 3 aufwärts zum Ausgangspunkt zu wandern. Wir halten diese Übung für besonders wichtig und wollen erklären warum. In unserer Volksmusik (Mitteleuropas sowie vieler angrenzender Länder) wei-

sen alle Lieder einen fast unverändert gleichbleibenden Takt auf. Sie sind marschartig, also im «Zweitakt» komponiert (der natürlich auch in vier Zeiten, eventuell in sechsen geschrieben sein kann) oder sie ähneln Tänzen, deren bei uns wichtigste (Menuett, Ländler, «Deutscher», Walzer) im Dreitakt stehen. «Modernere» Rhythmen und Musikstücke aber treten aus diesem Schema oft ein wenig heraus und selbst Kinderlieder aus fernen Ländern, die heute den Weg zu uns finden, weichen von unserer rhythmischen Gleichförmigkeit zuweilen ab. Die heutige Welt ist im allgemeinen rhythmisch viel belebter und abwechslungsreicher geworden (wenn auch gerade die Pop- und Rockmusik zumeist mit ermüdender Insistenz auf dem einfachsten Rhythmus hämmert). Auf jeden Fall wollen wir die uns anvertrauten Kinder zu den vielfältigsten Takt- und Rhythmusarten erziehen. Daher unser Vorschlag dieses Abwechselns der beiden wichtigsten Taktarten. Seine Beherrschung schafft dem jungen Menschen die rhythmische Elastizität, die ihm beim späteren Musikstudium unglaublich zugutekommen wird.

Der Rhythmus – hier noch mit dem Takt identisch – soll dem Kind in Fleisch und Blut übergehen. Es soll ihn als so selbstverständlich empfinden wie das Gehen und das Sprechen, sowie bald einmal das Lesen, Schreiben und Rechnen. Es darf dann kein Überlegungsprozeß mehr notwendig sein, um seine einfachsten Formeln zu beherrschen.

Und so schlagen wir nun rhythmische Spiele vor, die dem fünfjährigen Kind ange-

messen sind. Wir klatschen mit unseren Händen einen sehr einfachen Rhythmus, gerade wie wir es schon einmal in einem früheren Stadium versuchten. Etwa: eine lange und zwei kurze Noten, ein paar Mal nacheinander. Das Kind wird es ohne Schwierigkeit wiederholen können. Sind wir geübt im Improvisieren auf dem Klavier (was in der Musikerziehung einen bedeutenden Wert besitzt), so verwandeln wir diesen Rhythmus sofort in ein kleines Musikstück, während die Kinder weiterklatschen. So erfassen sie, daß unser Rhythmus – wie jeder Rhythmus – sich in Musik verwandeln kann, ja daß beides irgendwie als untrennbare Einheit empfunden wird. Das Spiel geht weiter: ein anderer Rhythmus wird erfunden und klatschend den Kindern vorgemacht, vorgeschlagen. Zum Beispiel immer abwechselnd eine lange und eine kurze Note:

Kaum haben wir diesen Vorschlag gemacht, so ertönt er auch sofort aus den Kinderhänden, ohne Schwanken und ohne die mindeste Schwierigkeit. Sofort verwandeln

wir auch ihn in ein Musikstück. Ein dritter Rhythmus, – kurz-lang, kurz-lang usw., in Noten:

Wiederum gibt es kein Problem. Und nun – im Laufe von vielen Tagen oder Wochen! – werden unsere Rhythmen immer um ein klein wenig schwieriger. Vielleicht ergeben

sich eines Tages diese oder ähnliche, und mit ihrer Beherrschung hat das Kind beträchtliche Fortschritte gemacht:

Und dann drehen wir das Spiel gewissermaßen um. Nun sollen die Kinder «Rhythmen vorschlagen». Sie werden dieser Aufforderung nach kurzem Zögern nachkommen. Oft genug haben sie es ja jetzt gesehen! Die Gefahr besteht nicht darin, daß wir sie etwa nicht dazu brächten, sondern daß die Rhythmen, die sie vorschlagen, zu schwer sind! Sie umfassen vielleicht 10,12 Noten und noch mehr. Bevor wir seine Vorschläge gelten lassen, fordern wir das Kind, das einen solchen machte, auf, seinen eigenen Rhythmus zu wiederholen; kann es das nicht – wie anzunehmen ist – lautet unser Hinweis, nichts von anderen zu verlangen, was man selbst nicht könne...

Haben unsere Kinder einmal eine Reihe von einfachen Liedern gelernt, so fordern wir sie zu deren Singen nicht mehr durch Nennung des Namens oder Textanfangs auf, sondern indem wir, ohne Worte, ihren Anfangsrhythmus klatschen. Etwa so:

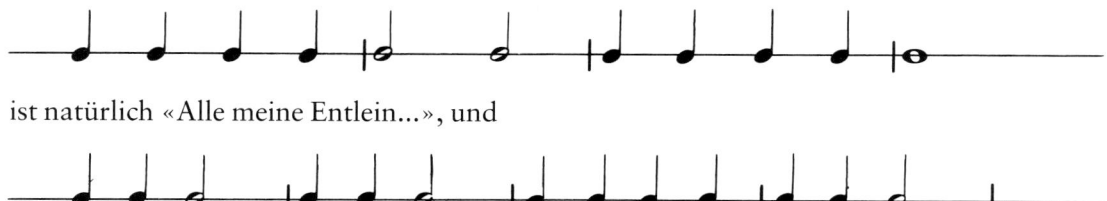

ist natürlich «Alle meine Entlein...», und

ist «Hänschen klein». Die Kinder werden die Lieder sofort an ihrem Rhythmus erkennen und an ihrem Singen nun doppelte Freude empfinden. Angenommen, unser «Repertoire» beläuft sich auf ein Dutzend Lieder, so bekommt dieses Spiel seinen besonderen Reiz (ohne Andeutung der Melodie) das Lied zu erkennen.

Und bald werden uns die Kinder auch diese Aufgaben abnehmen: sie werden nun selbst die Lieder vorschlagen, die sie singen wollen, aber nicht mit Titel oder Textanfang, sondern mit den Händen, die den spezifischen Rhythmus des Liedes klatschen. Jedes Kind wird dies tun wollen, – und wir haben dem sonst bald einmal etwas eintönigen Wiederholen gewohnter Lieder eine neue Seite abgewonnen.

Besonders empfohlen seien den Eltern oder Kindergärtnern sogenannte Spiellieder, also solche, die während des Singens durch Bewegungen oder Tanz ausgedrückt, gewissermaßen «illustriert» werden können. Schon unter den früher zitierten gibt es eine ganze Reihe, deren bewegungsmäßige Interpretation wir getrost der Phantasie von Erwachsenen und Kindern überlassen.

Wir möchten darauf bestehen, daß das Kind selbst in diesen frühen Lebensetappen einfachste Tonfolge oder Liedchen selbst erfinden möge – mit geringfügiger Anleitung

unsererseits. Zeigen die Kinder nicht schon früh, daß sie ihre Phantasie «graphisch» durch Zeichnen und Malen ausdrücken wollen? Warum also nicht auch musikalisch? Lassen wir das Kind musikalisch genau so kreativ sein, wie auf anderen Gebieten!

Wir helfen höchstens ein wenig bei den Texten, «dichten» ein Lied vom Sonnenschein, eines vom Regen, vom Wind, vom Nebel, von der Hitze und von der Kälte; aber auch eines über unser Schulhaus, über unsere Stadt oder unser Dorf, über den Hund, den der Schulwart hat usw. Einen über allmorgendliches Eintreffen: der Thomas, der kommt zuerst, denn er hat es nicht weit, die Sandra muß mit der Straßenbahn fahren, zuletzt kommt immer der Patrick, nicht weil er so weit wohnt, sondern weil er immer so spät aufsteht ... Die Musik muß nicht unbedingt völlig neu komponiert werden, sie darf «Anleihen» aus allerlei bekannten Kinderliedern enthalten. Singen ist für uns kein «Fach» und soll es niemals werden, nicht einmal in Mittelschulen und Gymnasien. Wir träumen davon, daß die Musik fest in den Tagesablauf des Kindes, des jungen Menschen integriert wird. Daß alle an ihr teilnehmen, freiwillig und gern, und nicht nach Ausreden suchen, um sich von ihr «befreien» zu können, wie es heute noch in manchen Ländern mit völlig veralteter Musikerziehung geschieht. Dazu muß die Musik stets etwas von Aktualität an sich haben, sie muß im Laufe der Jahre zum Diskussionsstoff werden, der alle interessiert. Diese Entwicklung, die oft noch wie eine Utopie scheinen mag, muß in der Kindheit einsetzen. Unsere Vorschläge zielen stets darauf ab, das Kind zu fesseln. Darum dürfen Lieder nicht zur Routine werden.

Vorgeschlagen sei noch, daß schon im Kindergarten, so wie vorher zu Haus, der «Lenker» (oder Erzieher oder Kindergärtner-in) ein Ohr zudrücken möge, wenn die Kinder ihre Melodien nicht rein und richtig singen. Nur keinen Perfektionismus, auf keinen Fall! Er tötet jede Begeisterung, und die ist das Schönste und Wertvollste an unserer Arbeit. «Von Musik bewegt zu werden ist wichtiger als sie analysieren zu können», so ähnlich

schrieb schon vor über einem halben Jahrhundert der bedeutende Schweizer Pädagoge Rudolf Schoch. Es ist unwichtig, ob auch das letzte der Kindergartenkinder jedes Lied ohne «Fehler» singen kann, es soll nur Freude daran haben. Das Können erwächst mit der Zeit von selbst, bei einem früher, unter kluger Anleitung, beim anderen später. Bei allen Kinderchören oder -gruppen, die ich in vielen Ländern geleitet habe, schien es mir stets wichtiger, in jeder Probe ein neues Lied zu lernen, wodurch das Interesse ständig aufrecht erhalten wurde, als an einem Lied so lange zu feilen, bis es zwar vielleicht «tadellos» klang, aber auch zur bloßen Routine geworden war. Musik muß lebendig sein, etwas Lebendiges bleiben. Und das sollen schon die Kleinen im Kindergartenalter spüren.

# Der Kanon – dein Freund und Helfer

Daß ein Jahrhundert voll tiefgehender Erschütterungen auf allen Gebieten neue Bahnen zu gehen sucht, – versteht sich von selbst. Auf dem Felde der Musik werden seit nunmehr siebzig und mehr Jahren – zwei bis drei Generationen! – Umwälzungen angestrebt und versucht, deren Erfolge schwer zu beurteilen sind. Eine tiefe Kluft, wie sie zuvor in diesem Ausmaß und dieser Zeitdauer nie zu registrieren war, hat zeitgenössische Komponisten und Publikum gründlich entzweit und Probleme geschaffen, wie sie zwar zu fast jeder Zeit im Keim vorhanden, niemals aber in dieser Schärfe fühlbar geworden waren. Natürlich konnte dies auch auf die Musikerziehung nicht ohne Einfluß bleiben. Deren «traditioneller» Richtung wird vorgeworfen, sie verschließe die Ohren der Jugend vor der «neuen» Musik, indem sie nichts anderes täte, als mit altbekannten Kinderliedern zu operieren und «moderne» Klänge vom heranwachsenden Kinde fernzuhalten suche. Vor einiger Zeit machte ein recht namhafter Musiker* – es geschah in Österreich, einem traditionsreichen Musikland par excellence – den Vorschlag, in der Musikerziehung mit Werken unserer Zeit zu beginnen und dann erst zurück in die Geschichte zu gehen. Er versprach sich davon ein besseres, ein völlig «natürliches» Verhältnis zur Musik der eigenen Zeit. Ein schöner Gedanke, der sich aber leider als undurchführbar erwies. Die «neue» Musik drang den Kindern weder ins Gefühl noch in den Kopf, sie erwies sich als schwer zu singen und kaum zu behalten. Selbstverständlich gibt es in unserer Zeit auch andere Musik als die der «Neutöner» oder «Avantgarde»: Komponisten, die weiter auf «tonaler» Basis musizieren, verständliche Melodien und erfaßbare Harmonien in den Vordergrund ihrer Werke rücken, wenn auch beide mit durchaus logischen, zeitgemäßen Erweiterungen und «Modernisierungen», wie jede Epoche sie mit sich bringen muß. Daß solche Musik dem heutigen Kind besonders nahegelegt werden soll, versteht sich von selbst; sie schließt nahtlos an alle jene Musik an, die wir stets gepflegt und zur Musikerziehung herangezogen haben. Das 19. Jahrhundert war, musikalisch gesprochen, ein «harmonisches» Zeitalter: seine Melodien – es sind die Beethovens, Webers, Schuberts, Rossinis, Donizettis, Bellinis, Berlioz', Schumanns, Mendelssohns, Liszts, Wagners, Verdis, Smetanas, Bruckners, Tschaikowskys, Dvořáks, der «Dynastie» Johann Strauß', Mahlers, Hugo Wolfs, Mussorgskis, Bizets usw. usw. – beruhten grundlegend auf Harmonien, auf Akkorden, auf Zusammenklängen verschiedener Töne, die sich «harmonisch» zu Drei-, Vier- und auch Fünfklängen zusammenfan-

---

\* Robert Schollum, Komponist und Pädagoge

den. Nicht alle vorangegangenen Epochen waren «harmonisch» ausgerichtet gewesen; denken wir an manchen Barockkomponisten, vor allem wohl an den uns heute so geläufigen Johann Sebastian Bach. Dessen Musik war noch nicht so ausschließlich auf ein «vertikales» Hören ausgerichtet – also auf Zusammenhören der Begleitung in Akkorden, in Harmonien – sondern orientierte sich weit eher «horizontal». Der Hörer mußte mehrere Melodielinien gleichzeitig wahrnehmen und im Kopf behalten können, doch das fiel dem Musikliebhaber des 18. Jahrhunderts genau so leicht, wie das «vertikale» Harmonienhören dem des 19. Jahrhunderts. Heute aber, im 20. Jahrhundert, muß eine vernünftige Musikerziehung auf das Verständnis beider früherer Jahrhunderte ausgehen, sie soll also unbedingt neben dem «vertikalen» Hören der unmittelbar vorangegangenen Epochen auch das «horizontale» Hören früherer Zeiten einbeziehen. Dieses bestimmt auch weitgehend wieder die musikalische Entwicklung unseres Jahrhunderts.

Das mag vielleicht alles recht kompliziert und theoretisch klingen, obwohl wir es so einfach wie möglich darzustellen suchten. Aber es wird sofort verständlich werden, wenn wir erwähnen, daß der natürliche Weg in dieses «horizontale», mehrstimmige Hören am besten über das allen bekannte Kanon-Singen geht. Es gibt heute kaum ein Kind, das den «Frère Jacques» nicht kennt, den «Bruder Jakob» (oder «Bruder Martin»), wie er in deutschsprachigen Ländern zumeist gesungen wird. Das ist ein altes Lied, wahrscheinlich französischen Ursprungs, das die Eigentümlichkeit besitzt, aus vier kleinen «Sätzen» oder Phrasen zu bestehen, die, in Abständen zeitverschoben miteinander gesungen, «gute» Harmonien ergeben. Das nützte man aus und ließ die einfache Melodie im Kanon singen. Ein Kanon ist ein Musikstück, bei dem zwar alle das gleiche singen oder auf Instrumenten spielen, aber nicht zur gleichen Zeit. Die erste Stimme (was ebenso eine vokale wie eine instrumentale «Stimme» bedeuten kann) beginnt, eine zweite setzt in bestimmtem Abstand, aber ebenfalls mit dem Liedbeginn, ein. Je nachdem, wievielstimmig unser Kanon ist – von zweistimmig an theoretisch unbegrenzt – setzen an vorher genau festgelegten Schnittpunkten die weiteren «Stimmen» ein. Der Kanon ist sozusagen «endlos». Jede Stimme beginnt ihn, am Schluß der Melodie angelangt, von neuem. Da aber der Kanon, wie alles im Leben, ein Ende haben muß, gibt es verschiedene Möglichkeiten ihn zu beenden: a) die Stimmen laufen einfach aus, ohne wieder von vorne zu beginnen; b) alle Stimmen beenden den Kanon, auf ein Signal hin, gleichzeitig an einem der Schnittpunkte; c) von einem dieser Schnittpunkte aus (nach mehreren Wiederholungen) schwenken alle Stimmen auf einen gemeinsamen Schluß ein oder d) der Kanon ist vornherein auf einen eigens angegebenen Schluß programmiert.

Es ist nicht schwer, Kinder zum Verstehen und Singen von Kanons zu bringen; es wird ihnen sogar viel Spaß machen. Von welchem Alter angefangen man es versuchen will, hängt von der musikalischen Entwicklung ab, die wir ihnen gegeben haben. Im Kindergarten könnten auf jeden Fall die Anfangsgründe gelegt werden. Doch bleibt es den Eltern unbenommen, bei musikalisch aufgeweckten Kindern schon ein wenig früher zu beginnen. Das geschieht dann in einem Zeitpunkt, in dem ein verstandesgemäßes Erklären noch fast undenkbar ist. Also tun wir es spielerisch. Wir singen gemeinsam mit dem Kind die bekannte Melodie:

Wir üben sie, bis sie sitzt. Wir kombinieren sie mit Händeklatschen: das Kind soll lernen, nicht einfach den Takt zu klatschen, – das wäre viel zu leicht, selbst für ein fünfjähriges! – es soll gewissermaßen die Melodie und ihren Rhythmus klatschen. Also nur dann in die Hände schlagen, wenn eine Note erklingt:

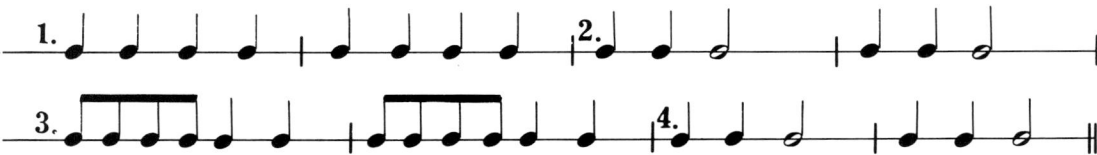

Auch das sollte nicht schwer fallen, obwohl in diesem Lied drei verschiedene Notenwerte vorkommen: die Viertelnote als Grundrhythmus, die halbe Note beim zweiten und vierten Phrasenschluß, die Achtelnote zu Beginn des fünften, also auch des sechsten Taktes (da jeder Takt dieser Melodie ausnahmslos einmal wiederholt wird).

Wir gewinnen mit diesem Lied, so ganz nebenbei, eine sehr gute rhythmische Übung, die uns beim Erfassen verschiedenartiger Tonlängen viel helfen kann.

Um nun dem Kind die Idee des Kanons aus seiner eigenen Welt zu erklären, sprechen wir von zwei Kindern, die miteinander spielen. Das eine läuft davon; das andere bemerkt es erst, wenn es schon eine kleine Strecke – zwei Takte weit! – entfernt ist. Dann beginnt es ihm nachzulaufen. Da aber beide gleich alt und gleich schnell sind, holt das zweite Kind das erste nie ein, sie bleiben immer im gleichen Abstand voneinander. (Ganz am Schluß kann das davongelaufene Kind auf das andere vielleicht warten.)

Nun singen wir das Lied eben als Kanon, vorläufig nur zweistimmig. Das Händeklatschen kann hinzugenommen werden, zuerst nur taktmäßig, dann als «Abbild» der Melodie, so wie früher (und wie notiert).

Ganz von selbst wird das Kind sich möglichst weit vom Erwachsenen, der etwa die zweite Stimme singt, postieren wollen. Es will nicht in dessen «Stimme» hinübergezogen werden. Das aber ist genau verkehrt! Legen wir vom ersten Augenblick an Wert darauf, daß das Kind die zweite Stimme genau hört und verfolgen kann, denn es soll nicht nur seine eigene «Stimme» halten und singen können, sondern die Struktur des Kanons verstehen und sich auf diese einfachste Art an mehrstimmige Musik gewöhnen. Wenn wir diese Versuche im Kindergarten anstellen, wo etwa sechs bis acht Kinder die erste, und ebensoviele die zweite Stimme versuchen werden, können wir die gleiche Tendenz beobachten: die verschiedenen «Stimmen» werden versuchen, sich weit voneinan-

der zu plazieren; ja es wird sogar vorkommen, daß einige sich die Ohren zuhalten, um von der anderen Stimme nicht abgelenkt, aus dem Gleis geworfen zu werden. Wirken wir dem sofort entgegen, erziehen wir die Kinder zur gegenteiligen Einsicht: je klarer sie wahrnehmen, was die sie begleitenden Stimmen singen, desto sicherer werden sie in ihrem eigenen Singen oder Spielen werden, desto reibungsloser wird das «Miteinander» erfolgen, – das ja im Leben, nicht nur in der Musik, schließlich und endlich die Hauptsache ist. Wer sich nur allein auf sich selbst stützen will, scheitert letzten Endes, Zusammenwirken, «teamwork» ist die Lösung vieler Probleme.

Singt die Mutter mit dem Kind einen Kanon, so möge sie nicht stets die gleiche Verteilung vornehmen. Stetiger Wechsel erst gibt die genügende Sicherheit: Die Mutter kann ebensogut die zuerst einsetzende, das Kind die später hinzukommende Stimme singen, wie umgekehrt. Und im Kindergarten empfiehlt sich dauernder Wechsel, keine der Gruppen hat die erste oder die zweite Stimme in «Erbpacht». Und schon gar, wenn wir zu den nächsten Stufen fortschreiten: den beiden Stimmen wird eine dritte hinzugefügt, was im Prinzip nichts ändert. Auch das dritte Kind läuft gewissermaßen erst dann los, wenn die beiden vorher gestarteten schon beim fünften, bzw. beim dritten Takt angelangt sind. Leicht wird es dann auch bald sein, die vierte Stimme hinzuzufügen. Mehr gibt es hier nicht, denn wollten wir, wieder im gleichen Abstand von zwei Takten, eine fünfte hinzufügen, so würde sich rasch zeigen, daß sie gemeinsam mit der ersten sänge. Wollen wir wieder ein «Bild», um es den Kindern recht klar zu machen? Die Kinder laufen nicht auf einer Geraden davon, sondern im Kreis. (Dann wäre die erste Stimme genau wieder beim Ausgangspunkt, wenn eine fünfte starten würde.)

Es gibt eine wahre Überfülle von Kanons, ganz leichte und solche, zu deren Ausführung schon eine ganze Menge Übung gehört. Vorläufig suchen wir für unsere häuslichen Spiele und für den Kindergarten die einfachsten heraus. Hier wollen wir noch weitere angeben, die für die Anfangsstufe sehr geeignet sind.

## Oh, wie wohl ist mir am Abend

Für die musikkundigen Leser muß nicht betont werden, daß die Struktur dieses Kanons von der des ersten abweicht. Waren beim «Frère Jacques» ganz klar vier Phrasen erkennbar, was die Ausführung zu vier Stimmen vorprogrammiert, so zeigt sich bei «Oh, wie wohl ...» eine deutliche Gliederung in drei Phrasen; es ist also ein dreistimmiger Kanon. Jede der Phrasen umspannt, genau genommen, vier Takte, doch die Wiederholung des dritten und vierten macht die Phrasen sechstaktig. (Weswegen eben dreimal «bim-bam» gesungen werden muß, um auch in dieser Phrase auf die erforderlichen sechs Takte zu kommen.)

Der dritte Kanon, den wir hierhersetzen wollen, um den Eltern Anfangsmaterial in die Hände zu geben, stammt ebenfalls, wie der «Frère Jacques» aus Frankreich. Er ist, wie dieser, viertaktig gebaut, aber da er fünf Phrasen hat, ist er fünfstimmig zu singen. Hier ist er:

# Mein Hahn ist tot

Nun, nach den Versuchen mit dem Kanonsingen sollte dem Kind eine erste Ahnung der Mehrstimmigkeit aufgegangen sein. Dieser Weg führt nicht nur später zu einer leichteren Auffassung vieler Werke des 20. Jahrhunderts, er erleichtert auch das Verständnis «alter» Musik, die heute im Musikleben wieder eine steigende Bedeutung aufweist. Ein Kind, das mit sechs Jahren fließend und ohne nennenswerte Schwierigkeiten Kanons singen lernt, wird mit sechzehn voll Freude in Jugendorchestern oder -chören mitwirken können und während seines Lebens aktiv oder passiv viel genußvoller an den großen Schöpfungen der Musik teilhaben. Vorausgesetzt, daß die natürliche Weiterentwicklung seiner Musikalität auch in den folgenden Jahren sinnentsprechend fortgeführt wird.

# Musik hören – Musik verstehen

So lautete einst, vor vielen Jahren der Titel eines meiner Bücher. Später nahm der Österreichische Rundfunk den gleichen Satz als Titel einer Sendereihe. Uns beiden ging es darum, das Musikverständnis zu fördern durch die «Erklärung» von Musikwerken. Das Hören sollte durch ein auch verstandesgemäßes Erfassen zum vertieften Erlebnis führen.

Viele musikfreudige Eltern stehen vor der Frage, mit welchen Klängen sie die Freude an der Musik bei ihrem Kinde beleben können. Und nicht wenige Kindergärtnerinnen beschäftigen sich ebenfalls damit, was sie ihren kleinen Schützlingen vorspielen sollten. Wir haben bisher eine Fülle von Möglichkeiten aufgezeigt, die angeborene Musikalität aktiv zu fördern. Nun sollen diese vielseitigen Tätigkeiten durch «passives» Musikhören ergänzt werden. Von Passivität allerdings darf eigentlich von vorneherein keine Rede sein. Wir möchten schon im Kinde das Gefühl wecken, daß Musikhören ein bewußter Vorgang sein soll, also durchaus als «aktiv» bezeichnet werden müßte.

Hier wäre wieder klar die Grenze zu ziehen zwischen unserem Musikverständnis und jener heute leider so verbreiteten Praxis einer «Musikberieselung», die vielleicht das Unterbewußtsein erreicht, dort aber nicht anders wirkt wie eine Droge: «nervenberuhigend», also nervenbetäubend, kräftelähmend und bewußtseinstrübend. Daß mit den folgenden Aussagen nicht diese Art des Musikhörens gemeint ist – die besser «Musik-Nichthören» genannt sei – ist klar. Wir haben zu Beginn dieses Buches des öfteren vom «Wunderland Musik» gesprochen. Wie weit und groß dieses Land ist, das ahnen oft sogar die Musiker nicht! Die Frage ist nur, bei welchem Zugang, auf welchem der vielen Wege wir mit den Kindern dieses Wunderland betreten wollen.

Jedes einfache, melodiöse und rhythmisch zugängliche Musikstück eignet sich für einen solchen Einstieg. Ob es aus der sogenannten «Unterhaltungsmusik» stammt oder aus der «Klassischen», dürfte in diesem Alter keine entscheidende Rolle spielen. Wir wollen zudem für alle Musikarten vorbereiten und für keine im besonderen. Wichtig ist nur, daß das Musikstück leichtfaßlich, nicht zu schnell und nicht zu laut ist (obwohl diese beiden Begriffe nun schon weiter zu fassen sind wie zuvor). Die Frage besonders musikbewußter Eltern lautet immer wieder: Hat es einen Sinn, Kinder bereits zu jenem Zeitpunkt in Meisterwerke der «klassischen» Musikliteratur einzuführen? Im Prinzip ist diese Frage zweifellos zu bejahen, aber es muß sofort darauf hingewiesen werden, daß es unter diesen Werken leichter und schwerer Verständliches gibt. Zu den leichteren würden wir Haydns und Mozarts frühere Werke rechnen, in denen die Musizierlust noch unproblematisch ausgedrückt ist. Schubert, manches von Schumann und Mendelssohn gehört hierher. Bei Beethoven: Vorsicht! Das meiste von ihm erfordert viel reifere geistige und seelische Vorbedingungen; es kann auf Kinder schockartig wirken. Trotzdem wäre ein Satz wie das *Allegretto scherzando* aus der Achten Sinfonie – es ist die humorvolle Nachahmung der neuen Erfindung seines Freundes Maelzel, des Metronoms – durchaus als frühes Hörerlebnis anzuraten, von dem Berlioz so schön geschrieben hat: «Das ist unschuldig, bestrickend und von graziöser Sorglosigkeit wie das Liedchen zweier Kinder, die an einem schönen Frühlingsmorgen auf einer Wiese Blumen pflücken ...» Es gibt also keine allgemeine Regel, außer vielleicht der, die ohnedies dem Grundsatz unseres Buches entspricht: Musik soll Freude machen, Freude in einem höheren Sinn als «Vergnügen» oder «Zeitvertreib» bedeuten. Der Mensch «freut sich auf etwas» und er freut sich «über etwas»; aber es gibt die Freude noch als absoluten Wert, unabhängig von Erwartung und Genugtuung. Sie kann eine Geistes-, eine Lebenshaltung sein. So hat Schiller sie wohl gemeint, als er sie «schönen Götterfunken» nannte und «Tochter aus Elysium». Und so hat Beethoven sie im letzten Satz seiner letzten Sinfonie, der Neunten, verherrlicht und mit diesem «Lied an die Freude» eines der großen Meisterwerke der abendländischen Kultur geschaffen. Und so muß als durchaus positiv die Tatsache bewertet werden, daß dieser Schlußgesang aus Schiller-Beethovens Neunter Sinfonie heute als «Song of Joy» zur Hymne der Weltjugend geworden ist. Ihr mitreißender Schwung

wirkt auf recht junge Menschen, lange noch bevor sie ihren tiefen Sinn verstehen.

Mit dieser «Freude» wird der Mensch geboren, sie ruht in ihm wohl nicht erst seit seiner Geburt, sondern seit Urzeiten. Sie im Kinde zu erwecken ist die ganz große Aufgabe, die uns gestellt ist. Wer an sie geht, wird entdecken, daß hier ein enges Band zur Musik geschlungen ist. Musik ohne Freude gibt es nicht, dürfte es nicht geben. Aber auch Freude ohne Musik ist vielleicht unvollständig.

Darum ist unser Bestreben, die angeborene Musikalität in jedem Kinde von seiner Geburt an zu erwecken und zu entwickeln, auch ein Weg zur Freude. Lange bevor wir daran gehen können, die heranwachsenden Menschen Musik zu «lehren», Musik auf dem Pfad des Verstandes in ihre Geisteswelt zu bringen, soll Musik sich über das Gefühl längst untrennbar in ihrer Seele eingenistet haben. Über das Gefühl dringt die Musik in den Menschen ein; das ist beim Kinde selbstverständlich, aber es gibt nicht wenige Erwachsene, bei denen es immer so bleiben wird.

Freude – im Sinne, wie wir sie mit Schiller und Beethoven verstehen wollen – heißt: froh stimmen, dem Leben mit seinen tausend Wundern voll zugewendet und aufgeschlossen sein, bereit für alles Schöne, Große, Edle. Das heißt: den großen Einklang herstellen, der alle Menschen untereinander verbindet, und jeden einzelnen mit der allumfassenden Natur.

Das mögen die höchsten Ziele des menschlichen Lebens sein und als solche scheinbar fehl am Platz in unserem Buch. Aber ihr Einschluß an dieser Stelle sei doch zweifach verteidigt: als ideale Forderung an die «Erzieher», die «Lenker», die wir in diesem Buch ansprechen wollen, die Eltern also in erster Linie. Und im Bewußtsein, daß diese allumfassende «Freude», die jedem Menschenleben voranglänzen sollte, schon in den Urwurzeln des Menschen vorhanden ist, also mit dem Kind genauso heranwachsen soll, wie alles andere, das es vor und bei der Geburt empfängt und in einer Millionen Minuten umfassenden Laufbahn voller Ereignisse und Entdeckungen entwickeln muß.

Vielleicht werden längstens an dieser Stelle manche Leser das Buch kopfschüttelnd aus der Hand legen, es «utopisch» nennen, «unrealistisch», von «gefährlichem Idealismus» geprägt. Etwas Wahres mag an solchen Vorwürfen wohl sein, aber seit wann werden Ideale sinnlos, weil sie nicht restlos verwirklicht werden können? Das Streben zum Ideal bringt den Menschen vorwärts. Der Autor weiß nur zu genau aus eigenstem Miterleben, was Not, Hunger, Elend, Gewalt, Vertriebensein, Unrecht, Hilflosigkeit im technisch so vollendeten 20. Jahrhundert bedeuten. Er hat die Erfahrungen dieses Buches weniger in der «Wohlstands-», der «Wegwerfgesellschaft» gemacht, viel öfter aber bei Völkern, die heute von einer ungerechten Weltordnung zu einem Leben in Sorge gezwungen sind. Und er muß von allem, was er hier verkündet hat, auch bei kritischem Nachdenken nichts zurücknehmen.

Der Weg der Musik ins menschliche Herz geht lange Zeit hindurch nur über das Gefühl. Erst viel später kommt der Verstand dazu, der zur vollen Ausbildung einer musischen Gesellschaft unentbehrlich ist. Überlassen wir es dem letzten Kapitel, den kriti-

schen Vestand in unsere Betrachtungen einzuführen. Der Leser wird dann staunen, wie leicht das vor sich geht, wenn einmal die gefühlsmäßige Hinwendung selbstverständlich geworden ist.

Das Kind fühlt zwar die Freude, die wir ihm – auch mit Hilfe der Musik – vermitteln wollen, erkennt ihre Wichtigkeit aber noch nicht. Der einfachste Weg zu ihr führt über die starke Triebkraft der Neugier. Wer unseren kleinen musikalischen Lehrgang nochmals in Gedanken durchgeht, findet ihn sicher immer wieder von Neugier angetrieben. Die ersten Klänge an der Wiege erwekken Neugier, das erste Lied der Mutter. Die Neugier ist ein Grundelement des Lebens. In dem wir sie immer aufs Neue erwecken und befriedigen, fördern wir die Entwicklung des Kindes.

Und von hier führt uns der Weg zur Untersuchung der Frage, mit welcher Musik, welchen Musikgattungen, welchen Musikstükken wir unser Kind in die weite Musikwelt einführen sollen. Vielleicht hat es, seit wir von einer «Zivilisation» sprechen, immer verschiedene Arten von Musik gegeben. Nur Naturvölker kennen solche Unterscheidungen nicht. Aber eine Zersplitterung in so viele äußerst verschiedene, ja gegensätzliche Musikarten, wie wir sie heute kennen, hat es kaum jemals gegeben. Sollten wir nicht bei unseren Versuchen einer neuen Musikerziehung den Abbau vieler solcher Unterscheidungen ins Auge fassen? Könnten wir damit nicht dem verhängnisvollen Trend zur Spezialisierung, zum extremen Hang der Klassifikation entgegenwirken, die ja nur allzuoft überflüssige Gräben aufreißen, anstatt ein universelleres Denken anzustreben?

Mag die Spezialisierung auf vielen Gebieten – der Medizin, der Wirtschaft, der Politik, dem Sport, der Freizeitbeschäftigungen usw. – schon so weit vorgeschritten sein, daß an eine rasche Umkehr kaum mehr gedacht werden kann, so wäre doch wenigstens im weiten Rahmen der Künste ein Versuch denkbar, zurück zu einem universellen Denken, Fühlen und Schaffen zu gelangen. Mit dem erklärten Fernziel, in einer kommenden Generation den «universellen» Menschen neu erstehen zu lassen, wie ihn große Zeitalter gekannt haben: das alte Griechenland, die Renaissance, um nur diese beiden Epochen zu nennen. Und unser Traum ginge dahin, mit der Musik den Anfang zu machen, zu versuchen, die heute so scharf getrennten Gebiete der Volks-, der Unterhaltungs-, der «ernsten» Musik einander wieder anzunähern, ihre vermeintlichen Gegensätze zu glätten und allmählich, durch den täglichen Beweis ihrer Sinnlosigkeit, eines nahen Tages ganz aus der Welt schaffen zu können, ohne daß sich eines von ihnen «unterdrückt» oder gar gefährdet fühlen müßte.

Wir versuchen in diesem Buch, einen Schritt auf diesem Wege zu tun. Was wir an den kleinen Beispielen zur Entwicklung der natürlichen Musikalität vorgeschlagen haben, läßt jede spätere Spezialisierung zu. Unser Kind kann ein Anhänger der Volksmusik, ein Jazz-, Pop-, Rockfan werden, es kann sich der «künstlerischen», der «ernsten» Musik zuwenden, wenn der Tag seiner Entscheidung kommen sollte. Aber vielleicht wird es diesen Tag nicht mehr, oder wenigstens nicht in seiner heutigen Schärfe, seinem heutigen Entscheidungszwang geben. Unser Kind soll für alle musikalischen Möglichkeiten seines Lebens gerüstet sein: das Gehör ist für alle Musikarten das gleiche, und ebenso sollen es Freude und Begeisterung sein.

Nehmen wir die Musik als große Einheit und bieten wir sie dem Kind so lange ohne Unterschiede dar, bis es von selbst seine Vorliebe für eine der verschiedenen Musikarten entdeckt. Der Leser erinnert sich, daß wir bei der Aktivierung der kindlichen Musikalität ohnedies nicht von bestimmten Genres oder gar Stücken ausgingen, sondern vom Rohstoff, aus dem alle zusammengesetzt sind: vom Klang, von der Melodie, vom Rhythmus. Nun aber verlangt der Geist des Kindes nach viel musikalischer Nahrung, der Augenblick ist gekommen, in dem wir uns klar werden sollen, wie wir am besten diesen «Hunger», diese Neugier befriedigen wollen.

Der Wege, die in die kindliche Seele mit Hilfe von Klängen führen, gibt es aber so viele, daß ein Aufzählen unmöglich ist. Zwei Dinge sollen von vornherein ausgeschlossen werden, da sie der Entwicklung des Kindes mehr schaden als nützen. Das erste aus äußerlichen Gründen. Die Lautstärke, mit der die modernen Tanzrhythmen an den Hörer gebracht werden, ist an der obersten Grenze zur dauernden Gehörsschädigung angesiedelt; für das kindliche Ohr bewegt sie sich weit jenseits davon. Auch der mit ihr angestrebte Effekt der «Betäubung», der Bewußtseinsschwächung, der Außerkraftsetzung des Denkens und Wollens muß von unserem Standpunkt aus strikt abgelehnt werden. Zumindest für das Kind, mit dem wir uns in diesem Buch ja ausschließlich zu beschäftigen haben.

Die zweite von vornehereim abzulehnende Musik ist jede zu «komplizierte», zu sehr auf Intellekt und Verstand zielende, zu deren Verständnis das Kind einfach noch nicht imstande sein kann. Wir wollen ihm Musik vorsetzen, die sein Gefühl anspricht; Musik, die es mit Dingen seines Lebens identifizieren kann; Musik, die freundliche Bilder, angenehme Vorstellungen in ihm zu erwecken imstande ist.

Das kann bei sehr vielen Musikarten der Fall sein: bei der Volksmusik, die das traditionelle Kinderlied einschließt; bei der Blasmusik, deren Melodien eingängig, deren

Rhythmen belebend sind; bei allen Arten von Tänzen früherer Zeiten, ganz gleich, ob es sich um Volkstänze, bäuerliche, Hoftänze usw. handelt; bei heutiger Tanzmusik, mag sie sich in Jazzrhythmen ausdrücken – deren es wieder eine Unzahl gibt – oder «nationale» Eigentümlichkeiten aufweisen wie Polka, Bolero, Samba usw.; bei Instrumentalstücken verschiedenster Art und verschiedenster Instrumente und ihrer Kombinationen; bei Kammermusik, sofern sie vom Aufbau her einfach bleibt; bei Orchestermusik, die das Kind schon vom Klanglichen her fasziniert; bei Liedern und einfachen Arien aus dem Reich der Oper, wobei der Inhalt, die Handlung, aus der sie hervorwachsen, dem Kinde auf kindliche Weise, seiner Altersstufe entsprechend, nahegebracht werden sollte. Die Musik, die wir ihm bieten, kann auf recht verschiedene Art begehrenswert, ja geradezu «spannend» gemacht werden: vom rein Klanglichen her, was in sich schon wieder ein weites Gebiet darstellt; von der Melodie her, die sich besonders rein im Kinderlied ausdrückt; vom Rhythmus her, dessen einfachste Muster das Kind leicht auffaßt, behält und nachahmt; schließlich vom «Inhalt» her, wenn das Lied Dinge erzählt, die das Kind kennt.

Hört es lieber vokale oder instrumentale Musik? Darauf gibt es kaum eine generelle Antwort. Wenn die Mutter vom ersten Augenblick an nahe bei ihm gesungen hat (wie wir es verlangten), so wird des Kindes Identifikation mit der menschlichen Stimme sehr weit gehen. Erfolgen die ersten Kontakte mit den verschiedenen Formen des Gesangs aber vielleicht erst im Kindergarten, so kann es vorkommen, daß das Kind der Stimme weniger Sympathie entgegenbringt als den Instrumenten, die es dort zu verwenden gewohnt ist. Lädt man etwa einen Sänger oder eine Sängerin ein, kleinen Kindern etwas vorzusingen, so wird deren Reaktion fast immer negativ ausfallen. Die «große» Stimme beeindruckt das Kind nur unangenehm, zumeist sogar lächerlich. Wie oft habe ich derart verfehlten Experimenten beiwohnen müssen! Ein Star der Oper, für dessen Auftritte die Erwachsenen einen hohen Betrag auszugeben bereit sind, gibt «liebenswürdigerweise» ein Konzert für Kinder im frühen Schulalter, – und erntet nichts als Lachen, Unruhe, völliges Unverständnis. Nicht so der Geiger, der Cellist, der Pianist, der vor junge Menschen tritt: der fesselt sie weit eher, voll Neugier blicken die Kinder auf seine Hände, lange bevor sie überhaupt realisieren, daß er Musik macht.

Vorsicht also bei «Konzerten für Kinder»! Die sollen entsprechend vorbereitet werden, bevor man sie in derartige Veranstaltungen führt. Die Mutter, Kindergärtnerin, Lehrerin, der Vater, der Lehrer sollen immer wieder singen – was für die Kinder nie lächerlich wird, auch wenn es vielleicht vom technischen oder künstlerischen Standpunkt unbefriedigend bleibt – sie sollen oft ein Instrument spielen, Klavier, Geige, Flöte oder Blockflöte, Gitarre, Orgel oder was immer sie können. Und erst wenn die Kinder an diese so nahen Quellen der Musik gewöhnt sind, greife man zum Tonträger und führe die Kinder in Konzerte oder Musiktheater.

Nun hängt es sehr von der psychologischen Gewandtheit des Lehrers (der Eltern oder Erzieher) ab, wie schnell und wie vollständig sie die Kinder zum Hören bringen können. Es gilt, wir wiederholen es, ihre Neugier zu wecken. Ein ideales Stück hierfür hat sich seit Jahren durchgesetzt: Sergej Prokofieffs «Peter und der Wolf». Die kleinen, aber sehr plastischen Tonfolgen, mit denen jede der Gestalten der Erzählung begleitet wird, sind schon vom Kindergartensprößling nachzuvollziehen, das heißt zu erkennen, zu unterscheiden, rhythmisch nachzuklopfen, stimmlich annähernd nachzusingen. Da sind Musik und Neugier geradezu ideal miteinander verbunden. Hätten wir doch nur ein, zwei, drei Dutzend solcher Stücke! Und alle sollten, so wie dieses, ohne alte Märchengrausamkeit enden: der Wolf wird nicht umgebracht, sondern kommt in den Zoo ...

Prokofieffs Musik ist hier «schildernd», es handelt sich also um das, was man «Programm-Musik» nennt. Sie ahmt nach, erklärt, stellt Beziehungen her. Erfahrung lehrt, daß gute «Programm-Musik» das Kind am leichtesten in das Musikverständnis, das Erfühlen von Musik einführt. «Schildernde» Musik stellen manche der Klavierstücke von Robert Schumann dar, die er unter dem Sammeltitel «Kinderszenen» publizierte; doch Achtung, – nicht alles darin ist wirklich kindertümlich. Hier steht eine Melodie, die man zu den vollendetsten und schönsten der Welt rechnen muß: «Träumerei». Sollen wir sie einem Kinde vorspielen? In diesem Falle neige ich zu einem Ja: Man muß nur ein paar Worte dazu sagen. Und es gelte als Test, um zu erkunden, wie weit das Gefühlsleben des Kindes schon entwickelt ist. Ein Menuett von Haydn oder von Mozart gehört nicht zur Programm-Musik. Aber es wird dazu, wenn wir dem Kinde die schöngekleideten Damen und Herren schildern, die sich zum Tanz in einem Palast eingefunden haben. Und so lassen sich unzählige Stücke finden, die das Kind sich «vorstellen» kann. Sie müssen gar nicht von «großen» Komponisten stammen, das ist Nebensache. Sie sollen Bilder hervorrufen. Bilder? Die sind doch etwas Gezeichnetes, Gemaltes? Heraus mit Papier und Farbstift, – wie lustig wird es, wenn nach Musik gezeichnet und gemalt wird!

Wie oft haben Musiker in Tönen ausgedrückt, was sie in ihrer Phantasie oder in Wirklichkeit erschaut haben: Smetanas «Moldau», das musikalische Porträt eines Flußes ist ein prachtvolles Beispiel: von den beiden kleinen Quellen hoch oben im Bergwald angefangen, sich zum ruhiger ziehenden Wasser formend, über Felsen hinabstürzend, in den Nächten auf den Gesang der Nixen lauschend, an fröhlichen Dörfern vorbeiziehend, wo eine Hochzeit gefeiert wird, weiter, immer weiter und immer breiter, bis die große, alte Stadt Prag auftaucht, mit steinernen Brücken und hohen Türmen, und dann weiter, zum breiten Strom geworden, in die Ebene hinein, die sich fern am Horizont verliert ... Paul Dukas' «Zauberlehrling»: wie leicht ist Goethes Gedicht den Kindern nahezubringen, auch wenn sie den tiefen Sinn vielleicht noch nicht ganz erfassen können; der Lehrling, der schon gerne Meister sein möchte und der einmal, als der Magier aus dem Hause geht, eine Zauberformel ausprobiert, die er aufgeschnappt hat; und wie dann der vorher leblose Eimer zum Brunnen läuft und immer mehr Wasser auf den Boden ausgießt, bis alles zu ertrinken droht, – nur weil der Lehrling die zweite Formel nicht weiß, mit der er den Eimer aufhalten könnte! Verzweifelt versucht er es mit Gewalt: er spaltet mit einer Axt den Besen, der den Eimer hin- und herträgt. Doch keine Ruhe tritt ein, im Gegenteil, nun laufen beide Besenteile zum Brunnen und bringen Wasser in zwei Eimern. Als die Verzweiflung aufs höchste gestiegen ist, kommt endlich der Hexenmeister heim. Mit einem Wort, einer kurzen Formel, beendet er den Spuk ... «Till Eulenspiegel», die meisterliche Sinfonische Dichtung von Richard Strauß. Darin gibt es Teile, die wir den Kindern vorläufig vorenthalten wollen: das Tribunal, das über den Schelm zu Gericht sitzt, ihn zum Tode verurteilt, die Hinrichtung. Zum Tode, einen Schelm? Als solchen sollen die Kinder ihn nehmen, als einen fidelen Spitzbuben, der Schabernack treibt und so viele Bürger des mittelalterlichen Städtchens verärgert –, obwohl er in Wahrheit wohl ein Bauernrevolutionär war, ein gefährlicher noch dazu, vor dem die Bürger Angst hatten. Seine «lustigen Streiche» (so heißt's im Titel) sind vom Komponisten hinreißend geschildert, und den Kindern macht es sehr viel Spaß, sich bei jeder musikalischen Episode vorzustellen, was Eulenspiegel da gerade anstellt. Ein durchaus legitimes Spiel, denn Richard Strauß hat keine Einzelheiten angegeben, die man sich vorzustellen hat.

In Claude Debussys reichem Klavierwerk finden sich genug Stücke, die man ein wenig reifere Kinder hören lassen soll. Ob es die «Versunkene Kathedrale» ist, deren Glocken noch manchmal aus den tiefen Wassern heraufertönen, ob es die «Gärten im Regen» sind, die gedämpften «Schritte im Schnee» oder, natürlich am einfachsten der groteske,

für Kinder komponierte «Golliwog's Cakewalk». Nur einige Beispiele seien genannt, die Fülle des Möglichen ist allzu groß.

Auch Lieder sollen nicht in der Auswahl dessen fehlen, was wir den Kindern der ersten Schulklassen vorspielen wollen, – noch besser wäre: vorsingen. Vorsicht beim größten Meister, bei Schubert! Seine Melancholie ist beinahe immer gegenwärtig. Die Kinder spüren sie, und darum haben wir zur Vorsicht geraten. Vor einiger Zeit spielte man Elfjährigen in einer Schule von Buenos Aires Schuberts «Unvollendete Sinfonie» vor und sie sollten dann zu Papier bringen, welche Eindrücke sie empfangen hatten. In einem Aufsatz stand: «In der Seele des Komponisten muß eine tiefe Traurigkeit gewohnt haben ...» Fast wörtlich dasselbe hatte Schubert anderthalb Jahrhunderte vorher von sich selbst gesagt. Doch die Kinder, denen wir im Augenblick Musik nahebringen wollen, sind noch nicht elf-, sondern etwa sieben- bis neunjährig, und das macht einen gewaltigen Unterschied. Von den frohen Tänzen, die Schubert vor allem für seine Freunde schrieb, von den Ländlern und Walzern werden den Kindern wohl alle gut gefallen. Aber welche seiner berühmten Lieder können wir schon so jungen Kindern nahebringen? Sicherlich die «Post»: das lustige Horn des Postillons, das Galoppieren der Pferde, welche die Postkutsche durch das Tor in die kleine Stadt ziehen, wo sie mit Spannung erwartet wird: bekomme ich heute einen Brief? Oder erst morgen, oder hat man mich ganz vergessen? Den «Lindenbaum» werden die Kinder verstehen, und wenn wir dieses Lied in der Originalfassung hören lassen (statt in der Volkslied gewordenen Fassung von Friedrich

Silcher), werden sie das wundersame Rauschen der Zweige und Blätter am Baum miterleben. Vielleicht ein klein wenig von der Traurigkeit ahnen, von der Einsamkeit, die Schuberts Wanderbursch begleitet. Wir leben ja im Jahrhundert der Fliehenden, Exilierten, Heimatlosen, Verfolgten, die Gefühle unserer Kinder könnten in höherem Maße für diese Tragik sensibilisiert sein, als es früher der Fall war ... Der Fährmann, der leise die Ruder in den dunklen See taucht – das Klavier malt das beklemmend im Liede «Die Stadt» – während Nebelschwaden über das Wasser ziehen: viele Kinder werden's «verstehen», das heißt: erfühlen. «Das Wandern ist des Müllers Lust» wird frohe Stimmung verbreiten, man sollte es gleich mit den Kindern nachsingen (auch wenn sie möglicherweise die andere Vertonung des gleichen Gedichts kennen, die Karl Friedrich Zöllners Weise zum Volkslied wurde).

Bei allen Liedern gilt es, den Kindern zuerst den Text nahezubringen, – es ist ja so einfach! Und dann gibt es hunderte von kleinen Meisterstücken, an deren Worten und Melodien sie sich herzlich erfreuen können. Selbst beim als «schwerblütigen» Komponisten verschrieenen Johannes Brahms gibt es die Perle des «Wiegenliedes», das heute weltweit unter zahllosen Schlafliedern die größte Popularität aufweisen dürfte: «Guten Abend, gut' Nacht».

Es muß keineswegs immer «Klassik» sein. Wer den Zauber eines wohlig-stillen Sommermorgens in ferner Weltgegend fühlen will, greife zu «Summertime» in Gershwins «Porgy and Bess», wer den mitreißenden Schwung verstehen will, der die früheren Einwanderer in die USA angesichts der anscheinend grenzenlosen Freiheit der Lebensgestaltung überfiel, zu Leonard Bernsteins «America, America» aus der (ansonsten besser für spätere Jahre aufzuhebenden) «West Side Story» ...

Eine nachdenkliche Frage möchte ich zu Ende dieses sehr summarischen und alles eher als erschöpfenden Kapitels aufwerfen. Die Welt, in der die heute aufwachsenden Kinder leben werden, muß notwendigerweise eine ganz andere sein als die, welche ihre Eltern und Großeltern gekannt haben. Die Völker werden immer näher zusammenrücken, der weltweite Tourismus wird sie auch menschlich einander näherbringen. Und so werden die einsame Kena des Indios aus dem bolivianischen Hochland, das in uns undefinierbaren Intervallen oszillierende Spiel des nahöstlichen Kemangheh, das einem unendlichen Glockenmeer gleichende indonesische Gamelan, die hundert Trommelarten der Neger dem musikinteressierten Weißen keine unverständlichen Lebensäußerungen bleiben. Ich erinnere mich, daß schon in der Zeit des Ersten Weltkriegs, als eine Völkerverständigung weiter entfernt schien als je, Claude Debussy den damals seltsamen Satz schrieb, der sich auf viele ihn sinnlos dünkende Musik Europas bezog: «Mir sind die paar Noten lieber, die ein ägyptischer Hirte auf seiner Flöte bläst – er ist eins mit der Landschaft und hört Harmonien, von denen eure Schulweisheit sich nichts träumen läßt ...» Lehren wir unsere Kinder, die Klänge der Welt, die schon – mehr ahnend als wissend – große mittelalterliche Humanisten und Universalisten «harmonia mundi» genannt haben: die Harmonie des ganzen Universums ...

# Der Weg ins (musikalische) Leben

Er beginnt, wenn das Kind die umsorgte und behütete Welt des Elternhauses zum ersten Male für mehrere Stunden verläßt, um das frühe Gemeinschaftserlebnis des Kindergartens zu erfahren, führt dann immer weiter über die Erfahrungen der Schule, wo es gefordert wird und mit jeder neuen Forderung eine neue Emotion erfährt, bis in eine von Schleiern bedeckte Zukunft: das Leben.

In der Welt, die wir uns wünschen, ist die Musik des Kindes treue Begleiterin, vom ersten Tage seines Daseins angefangen und durch alle Begebenheiten und Erlebnisse hindurch. Nun, am Ende unseres Buches wollen wir Umschau halten, um festzustellen, was das Kind an Musik als festem Bestandteil aufgenommen, sich für alle Zeit angeeignet haben mag. Wo steht es nun musikalisch zu jenem Zeitpunkt – nun ungefähr zehnjährig geworden –, in dem wir es verlassen müssen?

Der Gesang sollte immer im Mittelpunkt stehen. Er kann nun, mit Hilfe der Kanons, die wir angestimmt haben, auch «mehrstimmig» werden. Nur eine Schulklasse, die mit der gebotenen Leichtigkeit Kanons zu singen weiß, wird mit der angestrebten Mehrstimmigkeit keinerlei Schwierigkeiten haben. Beginnen wir mit der Zweistimmigkeit. Wie finden wir heraus, welche Kinder für die «zweite Stimme» besonders geeignet sind? Zuerst einmal müssen sie über ein besonders gutes Gehör verfügen, das sie befähigt, eine «Gegenstimme» zu halten, während andere Kinder die «Hauptmelodie» intonieren. (Achtung! Beim Kanonsingen ist von einer Teilung in verschiedene Stimmlagen oder -gattungen keine Rede, ja sie wäre geradezu unsinnig, da alle das gleiche singen!) Zweite Forderung: es sollen nur jene Kinder «zweite Stimme» singen, die tatsächlich über tiefere Stimmen verfügen als jene anderen, die in völlig natürlicher Auslese eben «hohe» oder «erste» Stimmen sind. Ich halte wenig davon, die Kinder einzeln zu «prüfen», bevor eine solche Einteilung getroffen wird; kaum ein Kind wird bei einer solchen Prüfung ungehemmt die wahre Natur seiner Stimme zeigen. Man lasse die Kinder Lieder singen, wie jeden Tag, aber der Lehrer transponiere diese Lieder – den Kindern unbemerkbar – nach oben und nach unten. Vielleicht – hoffentlich! – gehört zu diesen Liedern Mozarts reizendes «Komm, lieber Mai, und mache die Bäume wieder grün». Man singe dieses Lied, das einen Umfang von einer Oktave aufweist, zuerst in C-Dur; alle Kinder müßten diesen Tonraum von C-c in ihrer Kehle «haben». Dann intoniere man es einmal in D-Dur. Auch dies sollte ohne weiteres gehen. Weiter, nach E, nach F-Dur. Und nun wird sich zeigen, daß einige Kinder die hohen Töne – nun ein e, ein f – leichter erreichen und klangvoller singen (beides ist wichtig) als andere. Es ist wahrscheinlich, daß diese

Kinder mit der «leichten Höhe» sich bereits als künftige hohe Stimmen profilieren. Und nun die gegenteilige Probe, ein Transponieren nach abwärts. Der Lehrer stimme das Lied in H-Dur, dann in B, in A-Dur an. Nun werden wahrscheinlich jene Kinder sich leicht tun, die mit den hohen Noten Schwierigkeiten hatten; sie werden bei H, B, A einen volleren Ton entwickeln als ihre «höheren» Kollegen. So ergibt sich, ohne daß die Kinder überhaupt merken, daß sie getestet oder gar «geprüft» wurden, eine natürliche Einteilung, auf der man aufbauen kann. (Daß der Lehrer die «Kunst» des Transponierens beherrschen muß, versteht sich von selbst, – kann er es nicht, so erlernt er es, bei einfachen Lieder, in kürzester Zeit und bemerkt eines Tages, wie wichtig es ist!)

Für uns ist musikalische Früherziehung eine reine Beschäftigung mit dem Gehör des Kindes. Erst beim Lernen eines Instrumentes stellt sich die Frage nach dem Erlernen und Lesen der Noten. Aber auch dann darf das Gehör unter keinen Umständen vernachlässigt werden! Bei der Mehrzahl der musikalischen Kindernachmittage, der «offenen Sing- und Musiziertage», die ich abhalte, muß ich erleben, daß Zehnjährige nicht imstande sind, auf der Blockflöte, der Geige oder irgendeinem anderen Instrument, das sie seit längerer Zeit lernen, einfachste Kinderlieder wie «Hänschen klein» aus dem Gehör zu spielen und sofort nach den «Noten» rufen, ohne die sie überhaupt nicht zu musizieren imstande sind, es sei denn, sie hätten es vielleicht zum Geburtstag der Großmama auswendig gelernt! Nicht die Kinder sind schuld, ihre Musikerziehung ist falsch! Das Kind muß eine Melodie, die es singen kann,

auch auf seinem Instrument ohne Zuhilfenahme von Noten wiedergeben können. Es darf sie ruhig schrittweise zusammensetzen, suchen, ausprobieren, aber es muß dazu imstande sein! Gehörerziehung ist die Hälfte der Musikerziehung. Wenn wir immer versichern, es gäbe keine unmusikalischen Kinder, so könnten wir auch sagen, es gäbe keine Kinder mit mangelhaftem, undifferenziertem Gehör, sondern nur mit unentwickeltem. Also muß das Gehör von Geburt an geschärft, entwickelt werden, wie wir es von Anfang an vorgeschlagen und getan haben. Das Gehör des Kindes zu schärfen ist die erste, die oberste Aufgabe des Musikerziehers.

Dann erst, also wenn alle kindlichen Gehöre gut genug geschult sind, um Melodien nachzusingen, um Rhythmen zu erfassen, um bei irgendwelchen Musikvorträgen «falsche» Töne selbst zu erkennen, um beim gleichzeitigen Anschlagen zweier, vielleicht sogar dreier Töne auf dem Klavier, diese frei nachsingen zu können, um ein anderes Kind sofort ohne Nachhilfe bei einem Kanon begleiten zu können, um sich auf einem leichten Instrument – der Blockflöte etwa – jedes der ihm bekannten Lieder ohne große Schwierigkeit zusammensuchen zu können, – erst dann reden wir vom Notenlesen. Jeder andere Vorgang ist widersinnig: lehren wir das Kind vielleicht erst dann sprechen, wenn es das Alphabet gelernt hat? Nein: zuerst das Gehör, nichts als das Gehör und immer wieder das Gehör, und dann erst denken wir daran, dem Kinde das theoretische Rüstzeug des Notenlesens zu geben, das ihm dann keinerlei Schwierigkeit mehr bieten wird. Denn Klänge, Töne sind nun etwas Lebendiges für das Kind, gerade so wie seine Kameraden es sind, deren 20 oder 30 Namen es sich in kürzester Frist merkt. Aus Klängen, aus Tönen werden fast von selbst Noten.

Denn nun sitzen die Klänge, die das Kind niederschreiben lernt, längst in seinem Gehör fest, sie sind ihm in täglichem Umgang vertraut. Aber selbst jetzt raten wir zu keinem theoretischen Lehrgang. Wozu auch? Mit vier Jahren hat das Kind schon gesungen: Alle meine Entlein... Ein Lied, das mit fünf aufeinanderfolgenden Tönen beginnt. Nennen wir sie C, D, E, F, G, – genau so gut könnten sie Max, Moritz, Grete, Lore und Nanni heißen. Es sind auch fünf aufeinanderfolgende Buchstaben: um das zu erkennen, denke man sich ein A und B voraus. In der Musik fängt das Alphabet eben mit dem dritten Buchstaben an. Keine theoretischen Erklärungen! Hingegen kann es nicht schaden, wenn man erklärt, daß die Kinder anderer Länder den Klängen, Tönen oder «Noten» (wie sie nach dem Niederschreiben heißen werden) andere Namen geben. Viel lustigere sogar: Do, Re, Mi, Fa, Sol, – das sind unsere Töne C, D, E, F, G. Wie leicht ist es, sie nachzusingen. Anstatt «Al-le mei-ne Entlein...» singen wir nun einmal «C-D-E-F-G». Oder, wenn wir Lust haben: Do-Re-Mi-Fa-Sol. Und dann fehlen uns eigentlich nur noch zwei Töne: auf das G folgt das A, auf dieses das H, und dann führt uns unsere Stimme ganz von selbst wieder zu einem C. Das A heißt bei den anderen (den «lateinischen») Völkern – aber nicht selten auch in unserem Blockflötenunterricht – La, das H heißt Si, und dann kommt einfach wieder ein Do. Und das Ganze geht von vorne los! Wollen wir es den Kindern recht anschaulich machen? Stellen wir uns ein modernes Hochhaus vor: vom Erdgeschoß gehen die Treppen aufwärts; jede Stufe führt einen Namen – wir kennen sie schon: C, D, E, F, G, A, H – und die achte Stufe, wieder ein C, hat uns auf den Boden des ersten Stocks geführt. Von dort geht wieder genau so eine Treppe in den zweiten Stock, auch sie hat sieben Stufen, die wieder ganz genau so heißen wie die ersten. (C, D, E, F, G, A, H) und mit der achten sind wir im zweiten Stock. Und so geht es weiter, immer höher hinauf, aber immer mit den sieben Stufen, die immer wieder genau die selben Namen führen. So einfach ist das. Und nun heißen diese Stufenfolgen oder Treppen eben auch sinngemäß «Tonleiter» (oder italienisch *Scala*, was ebenfalls «die Leiter» oder «die Treppe» bedeutet.)

Unsere Töne identifizieren wir gerne mit Ziffern, – es sind ja nur sieben und das merkt man sich eben leicht. C ist 1, D 2, E 3, F 4, G 5, A 6 und H 7. Das so zu lernen, ist zwar im Augenblick nicht besonders wichtig, aber wer an den Musiklehrgang denkt, der dem nach unseren Ideen vorgebildeten Kind später offensteht, wird es zu schätzen wissen, wenn das Kind Zahlenrelationen herstellen kann und so keine Probleme mehr haben wird, eine Sekunde, eine Terz usw. zu identifizieren.

Vor vielen Jahren gab es eine bezaubernde musikalische Filmkomödie (ursprünglich ein Musical für das Theater), die mit ihrem (amerikanischen) Originaltitel «A sound of music» hieß. Es war die Geschichte der berühmten Sängerfamilie Trapp aus Salzburg. In einer reizenden Szene lehrt eine junge Erzieherin die kleineren Kinder der Familie die Notennamen. Sie verwendet dazu eine einprägsame Melodie mit der Eigentümlichkeit, daß jede ihrer Sätze oder Phrasen mit dem nächst höheren Ton beginnt, als die vorige anfing. So ergeben die ersten Töne jeder dieser Sätze oder Phrasen von selbst eine Tonleiter. Ich verstehe nicht, warum man dieses Lied nicht weltweit zum Lernen der Notennamen verwendet. Jeder Achtjährige kann es singen! Hier ist es. Und ich habe einen einfachen, deutschen Text dazu gemacht, damit alle sofort mitsingen können, – auch wenn die Worte nicht besonders gescheit sind. (Aber haben alle hübschen Lieder gescheite Texte?) Zuerst sollen die Kinder (und alle, die mitmachen wollen) gar nicht den ganzen Text mitsingen; sondern sie sollen im richtigen Augenblick nur den Notennamen singen: C-D-E-F-G-A-H und wieder C. Der Lehrer oder der Papa oder die Mama singen den ganzen Text: C wie Caesar, so fängt's an – D wie Dora folgt sodann – E wie Emil ist gleich da – F wie Fritz, das weißt du ja – G wie Grete folgt im Nu – A wie Anna kommt dazu – H wie Heinrich schreit «Juchhee!», denn er führt zum nächsten C! Natürlich könnt ihr auch statt der vorgeschlagenen Namen (Clemens, Dora, Emil, Fritz, Grete, Anna, Heinrich) andere wählen, die euch besser gefallen oder euch vielleicht von Freunden her geläufig sind. Zum Beispiel: statt Clemens Caesar oder Clown; statt Dora Daisy, David, Delia; statt Emil Erich, Eva, Egon, Ella, Elsy; statt Fritz Franz, Fred; statt Anna Anja, Alma, Armin, Albert; statt Heinrich Hanna, Hilde, Harry, Hansjörg, Hubert, Heidi usw. Doch muß jeder Name genau die vom Lied vorgeschriebene Silbenzahl haben!

## C, D, E, (Do, Re, Mi)

Aus dem Musical und Film «The sound of Music» von Rodgers und Hammerstein.

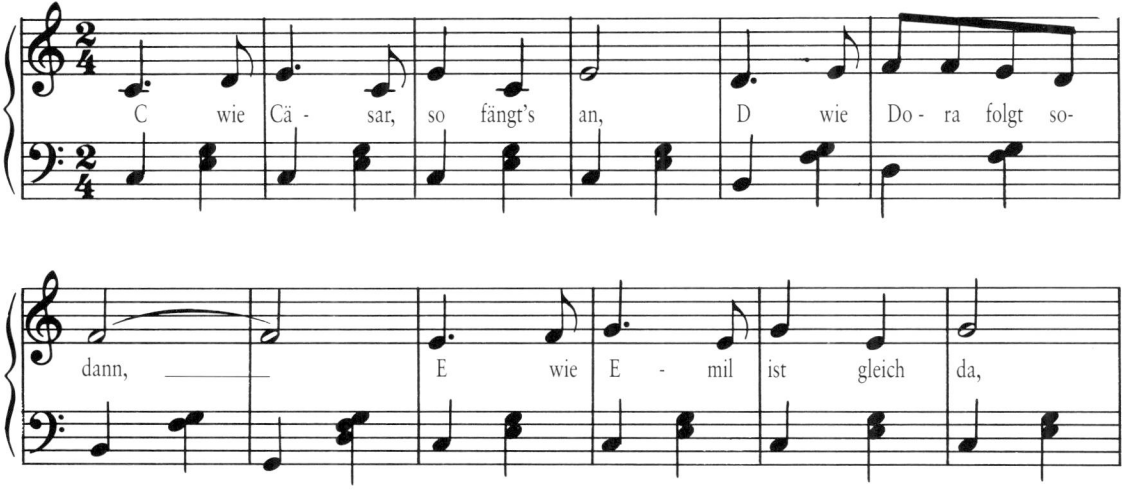

C wie Cä - sar, so fängt's an, D wie Do - ra folgt so-

dann, _____ E wie E - mil ist gleich da,

Mit freundlicher Erlaubnis des Originalverlags Chappell & Co., New York und Hamburg.
Deutscher Text und vereinfachte Klavierbegleitung von Kurt Pahlen.

Mit diesem «kinderleichten» Einstieg in die «Musiktheorie» besitzt das Kind nun auch den zweiten Schlüssel, der ihm, älter geworden, das gesamte «Wunderland Musik» öffnen kann. Gehör und Wissen: das sind die Grundlagen. Wobei allerdings Gehör ohne Wissen immer noch viel größere Chancen zum Musikgenuß bietet als Wissen ohne Gehör. Aber wir sagten es ja schon bis zum Überdruß: ein Kind ohne Gehör zählt zu den seltensten Ausnahmefällen, stellt – wir zitierten den namhaften Musikgelehrten Ernst Bücken – einen «pathologischen Fall» dar.

Die Musiktheorie wird in den folgenden Klassen der Primarschule langsam ausgebaut. Ihre Gesetze wird das Kind ebenso «gläubig» und ohne Nachdenken, beinahe automatisch lernen müssen wie so manches andere, z. B. das Einmaleins oder die Vokabeln einer Fremdsprache.

An eine Änderung der Notenschrift, der Musiktheorie ist in absehbarer Zeit nicht zu denken. Man müßte Milliarden Notenblätter neudrucken. Es bleibt nichts anderes übrig, als das Altgewohnte zu lernen. Es ist nicht schwer, also frisch begonnen! Unzählige Menschen haben es getan. Und wer weiß, vielleicht am Ende bei überlegenem Betrachten der Situation eine leise Ahnung davon bekommen, von welch großartiger Logik diese Unlogik letzten Endes ist ...

Mit dem einfachen Notenlesen wird der Grundstock für jeden Instrumentalunterricht gelegt. Und zu dem raten wir unbedingt. Zumindest auf der Blockflöte sollte das Kind «zuhause» sein; ernst genommen ist diese ein Instrument schönster Möglichkeiten. Sie öffnet den Zugang zu viel Literatur früherer Jahrhunderte, spielerisch wird das Kind einen Blick in weit zurückliegende Musikzeiten tun, wenn es auch noch nicht versteht, daß und warum man diese «Barock» und «Renaissance» und «Gotik» nennt: ein erstes Gefühl für alles das wird gelegt und erweist sich in einigen Jahren als sehr wertvoll. Daß eine Blockflöte sehr schwer genau zu stimmen ist, damit müssen wir uns abfinden. Aber bis zu einem gewissen, recht hohen Grade ist es doch möglich, und das sollten die Kinder lernen – nicht nur um ein sauberes Zusammenspiel zu erreichen, sondern auch um ihr Gehör immer feiner zu schulen.

Für das Kind der ersten Schuljahre empfiehlt sich die Fortsetzung und der Ausbau aller jener Übungen und Spiele, die wir schon kennen. Ein vernünftiges Elternhaus wird alle diese Bestrebungen unterstützen und solche Spiele daheim auch weiterhin mit dem heranwachsenden Kind durchführen. Das «Erfinden» von Rhythmen: jeder schlägt durch Händeklatschen einen nicht zu komplizierten Rhythmus vor, den alle sofort wiederholen und den der Lehrer mit einigem Geschick auf dem Klavier zu einem winzigen Musikstück ausbaut; das Vorschlagen von Liedern, nicht durch ihr Ansingen oder ihre Namensnennung, sondern durch das Händeklatschen ihres Anfangsrhythmus, z. B.:

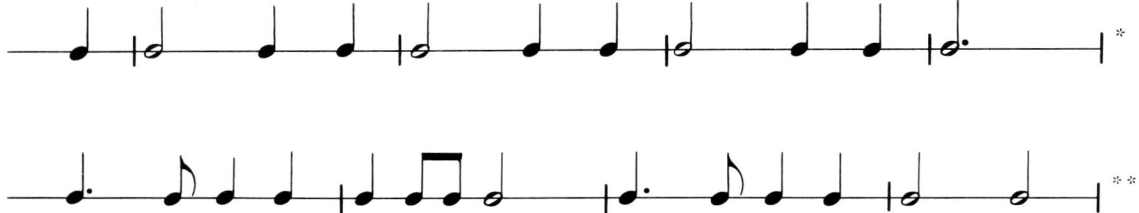

Rhythmische Spiele: ein Metronom schlägt einen gleichbleibenden Takt, etwa 60. Der Lehrer animiert die Kinder, individuell dazu «Variationen» zu klatschen, ganz nach Phantasie und Belieben, aber doch stets in irgendeinem noch erkennbaren Zusammenhang mit dem vom Metronom festgehaltenen Takt (oder Rhythmus, was hier ausnahmsweise das gleiche ist) – eine ziemlich anspruchsvolle Übung.

Wichtig ist es, die «Dirigierübungen» fortzusetzen und immer mehr auszubauen. Längst hat das Kind den Zwei- und den Dreitakt völlig in sich aufgenommen, es «verschlägt» sich kaum jemals, wenn wir einen Wechsel dieser Taktarten kurzfristig durch Zuruf von ihm verlangen, während wir auf dem Klavier dazu eine genau entsprechende Musik improvisieren. Es ist nichts dagegen einzuwenden, das Kind nun den Viertakt zu lehren, der die wohl gebräuchlichste aller Taktarten darstellt (auch wenn wir im Prinzip stets beibehalten wollen, daß alle praktisch in der Musik vorkommenden Taktarten restlos mit «2» und «3» dargestellt werden können). Hier der Viertakt: abwärts bei

1, nach links bei 2, weit nach rechts bei 3, schräg aufwärts zur Ausgangsstellung bei 4:

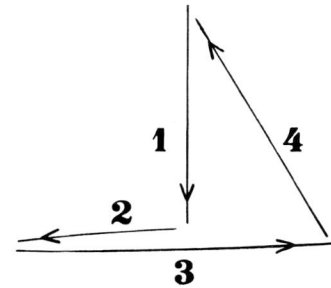

Hier sei ein Spiel vorgeschlagen, das bereits Kindern in den ersten Schulklassen Spaß macht und dazu bestimmt ist, das Gefühl des Rhythmus in ihnen fest zu verankern. Nennen wir es «das Uhrenspiel». Ich begleite es praktisch mit diesen Worten, indem ich meine Armbanduhr ans Ohr halte: «Wie geht denn unsere Uhr? Ungefähr so ...», wobei ich mit leisem Händeklatschen etwa einen Sekundenrhythmus markiere. Bevor ich sie noch dazu auffordern muß, klatschen die

* «Ihr Kinderlein kommet»
** «Alle Vögel sind schon da»

98

Kinder mit mir. Ich lasse sie ruhig gewähren, – nach ungefähr einer halben Minute wird es sich zeigen, wie schwierig es für die Kinder (aber auch für die meisten Erwachsenen) ist, diesen Rhythmus (oder Takt) eisern durchzuhalten. Die Tendenz zu einer dauernden Beschleunigung wird rasch merkbar. Sie wird mit wenigen netten Worten bekämpft, – und durch ein möglichst genaues Beibehalten der Geschwindigkeit im eigenen Klatschen. Nächster Schritt: vielleicht kennen die Kinder jene größeren Uhren, die früher an den Wänden der «guten Stube» standen und zumeist ein Pendel besitzen, das sehr ruhig und gleichmäßig hin und her «pendelt». Wir wollen dessen Rhythmus nachmachen: nun klatschen wir viel langsamer, ungefähr im Zweisekundenrhythmus. Es erleichtert das Spiel ungemein, wenn nicht nur das Zuschlagen der Hände genau im gewünschten Takt erfolgt, sondern auch das unbedingt notwendige Lösen. Das ergibt nach dem Zusammenschlagen ein rhythmisches Lösen im gleichen Rhythmus, – und das stets wiederholt, um eben dem Bild der Uhr gerecht zu werden. Die Kinder verstehen sofort. Und nun der dritte Schritt: eine Gruppe der Kinder schlägt den Rhythmus der Armbanduhr: eins, zwei, eins zwei, und jeder Schlag währt

ungefähr eine Sekunde. Die andere Gruppe schlägt den Rhythmus der Pendeluhr. Beide Gruppen müssen sich ganz aufeinander einstellen. Am einfachsten läßt man die «Armbanduhren» einige Schläge (sagen wir: vier) voraus tun, worauf die «Pendeluhren» einsetzen und genau auf jeden zweiten Schlag der «Armbanduhren» einen eigenen Schlag tun. Dann wende ich mich an die Kinder: «Ihr kennt doch sicher auch die ganz großen Uhren, die am Kirchturm hoch in der Luft?» Wie geht eine solche Uhr? Wir nehmen an, die mache einen einzigen Schlag alle vier Schläge der «Armbanduhren», gehe also wieder um die Hälfte langsamer als die «Pendeluhr». Diese Schritte sollen keineswegs in einem einzigen Tag vollzogen werden, doch werden Eltern oder Lehrer verblüfft sein, wie schnell die Kinder dieses Spiel verstehen und perfekt spielen lernen. Drei Gruppen werden gebildet (die bei jedem Spiel wechseln sollen!): die «kleinen», die «mittleren» und die «großen» Uhren. Stets soll die «kleinere» Uhr beginnen, dann setzt die «mittlere» ein und zuletzt die «große»: diese schlägt ein einziges Mal, während die «kleine» viermal, die «mittlere» Uhr zweimal schlägt. Alle vier Schläge der «kleinen» Uhr schlagen alle gemeinsam. Im Notenbild wird das sehr klar:

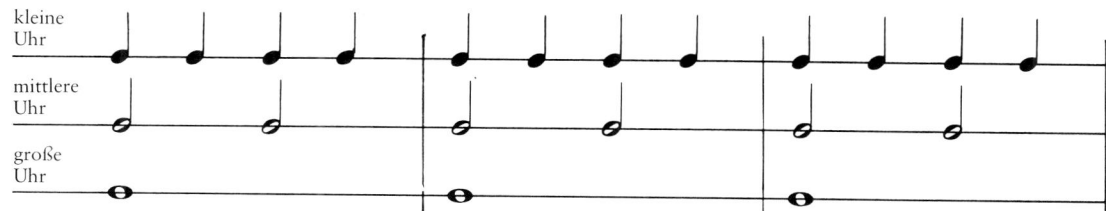

Und nun wird es nicht schwer sein, den Kindern die «rhythmischen Werte» unserer Notenschrift zu erklären. Die große runde Note ist die längste, sie ist so lang wie vier Schläge der «kleinen», wie zwei der «mittleren» Uhren. Man nennt sie die «Ganze Note». Ein Ganzes hat bekanntlich zwei Halbe: die «mittleren» Uhren schlagen also «Halbe Noten», die als Kreis mit Fahnenstiel geschrieben werden. Und die nächstkürzere ist natürlich die «Viertelnote»: einen runden, aber diesmal ausgefüllten Kopf und eine Fahnenstange dran. In einer späteren Etappe, aber noch vor Erreichung des zehnten Lebensjahres, kann man den Kindern die «Achtelnote» vermitteln: sie bedeutet ein rasches, achtmaliges Schlagen in der Zeit, in der die «große» Uhr nur ein einziges, die «mittlere» zweimal, die «kleine» viermal schlägt. Dann ist der Weg frei, in einem späteren Stadium zu komplizierteren Teilungen – Triolen, Quintolen – vorzuschreiten...

In den ersten Schulklassen kommt der «große» Moment, der aus dem Kind, das bisher mit seinen Armen «nachdirigiert», was ihm auf Klavier oder Schallträger entgegenklingt, einen wirklich Dirigierenden macht. Da verwandelt sich der Lehrer in das «Orchester», das vom Kinde «dirigiert» wird, – ein wenig Übung gehört dazu, aber das vom Lehrer Gespielte darf ganz primitiv sein. Nun wird dem Kinde die Aufgabe erteilt: Du bist der Dirigent und sollst nur mit Deinen Händen und Armen dem «Orchester» möglichst genau übermitteln, was Du ausdrücken willst, wie Du Dir die Musik vorstellst, die Du nun mit stummen Bewegungen übermittelst: laut und leise, schnell und langsam, beide Begriffspaare mit allen erdenklichen Übergängen, Zweitakt, Dreitakt, Viertakt. Zuletzt ein deutliches «Abwinken», wenn das «Stück» aus ist. Nach nur wenigen Versuchen werden viele Kinder hier Erstaunliches fertigbringen, der eine phantasievoller, der andere weniger nuanciert. Wichtig ist, und darum seien diese «Spiele» allen Musikerziehern und Eltern besonders ans Herz gelegt, daß das Kind auf diese Art lernt – mit Begeisterung lernt! – sich auszudrücken, sich zu verwirklichen, einen Plan zu fassen und ihn durchzuführen, seinen Willen klar kundzutun, so daß es von allen verstanden werden kann. Man kann diese Übungen, die stets von allen Kindern (nicht nur den «begabten»!) einzeln versucht werden sollen, bis auch das letzte von ihnen es «gewagt» hat, sich vor seine Kameraden zu stellen und seinen Lehrer zu dirigieren, mit Humor würzen: von den zuhörenden Kindern (je nach der vollbrachten Leistung!) Applaus erwarten, wenn das «Stück» (nie über 2 Minuten lang!) zu Ende geht, den «Dirigenten» dann seinerseits dazu bewegen, den Applaus mit einer Verbeugung zu quittieren, bevor er wieder in der Gruppe untertaucht usw.

Die Heranziehung von Schlaginstrumenten aller Art entspricht heutiger Vorliebe der Kinder. Sind Orff-Instrumente vorhanden, so läßt sich mit ihnen Wundervolles an Klängen und Klangschattierungen erzielen. Vergessen darf nie werden, daß das Gehör erzogen, zur unendlichen Vielfalt von Klängen in Natur und Leben hingeführt, zu ihrem Erlebnis gebracht werden soll. Die Klangwelt erschließen, – das ist mehr als eine Phrase, das muß eine echte Forderung sein und bleiben. Mancher Erwachsene, dem keine echte

Musikerziehung zuteil wurde, wird bei solchen Erfahrungen mit Kindern erst merken, wie geradezu wunderbar reich an Klängen unsere Welt ist!

Und immer wieder heißt es: singen! Mit Ausnahme der (kurzen, zumeist nur Monate währenden) Zeitspanne der männlichen Pubertät soll der Mensch sein ganzes Leben lang singen. Die größten Geiger, die berühmtesten Pianisten sind es vor allem deswegen, weil sie imstande sind, ihr Instrument «singen» zu machen, seine Melodien so vorzutragen, als entstammten sie einer menschlichen Kehle. Wie recht hat Richard Wagner: «Das älteste, echteste und schönste aller Instrumente, das Organ, dem die Musik allein ihr Dasein verdankt, ist die menschliche Stimme»! Alle Menschen können (und sollen) singen; zugegeben, sie sollten wohl sehr jung damit beginnen. Ein späterer Einstieg ist nicht unmöglich; aber er erfordert dann Energie, Mut und Durchhaltewillen.

Wer das Kind, wie wir vorschlugen, von Anfang an zum Singen bringt, wird mit Freude sehen, wie die Stimme sich von selbst weitet und schöner wird, an Ausdruck gewinnt ebenso wie an Umfang und Stärke. Bezüglich ihrer Tonlage seien noch einige Worte vorgebracht. Wir gingen in unserem Buch (und aller ihm zugrundeliegenden Praxis) von einer «mittleren» Tonlage aus. Diese ist allen Kindern ohne Anstrengung zugänglich. Aber wir wissen, daß es Pädagogen gibt, die als «Zentrum» der Kinderstimme eine wesentlich höhere Tonlage annehmen und in dieser die Schulung beginnen wollen. Das dürfte aber nur in wenigen Fällen zutreffen. Unser Buch jedoch versucht, allgemein gültige Grundregeln aufzustellen

und so bleiben wir als Ausgangspunkt bei der «mittleren» Tonlage, in der Grundoktave der Blockflöte in C, in der Oktave, die bei Klavier und Orgel die Mitte der Klaviatur (Tastenreihe) einnimmt.

Singen: das bedeutet, immer neue Lieder dem Kinde zuzuführen. Nicht darauf zu achten, daß jedes von ihnen mit der höchsten Präzision oder gar in einer vom Lehrer anbefohlenen «Interpretation» wiedergegeben wird! Jeden Tag fünf, zehn Lieder aus dem Gedächtnis hervorholen, ein klein wenig daran verbessern, sie mit Instrumenten begleiten, sie nie zur Routine und damit zum Überdruß werden lassen! Mit Hilfe der vorhandenen Instrumente «Spielgruppe» bilden, die sich nicht nur mit Hilfe von Noten an die gemeinsame Ausführung von bestehenden Stücken macht, sondern die ebenso imstande sein soll, frei zu improvisieren. Etwa im Rahmen der Pentatonik, der Fünftonfolge: man gebe den Kindern an, sie mögen während ihrer Improvisation nur die Töne C, D, E, G, A verwenden. Das kann mit Flöten, Geigen, Xylophonen, auch Handorgeln, Zithern, Gitarren usw. geschehen, kann vom Lehrer fast unmerklich geleitet werden, indem er mit den Händen die Stärkegrade angibt, die er sich vorstellt, – bis er diese Aufgabe einem seiner Schüler überträgt, jeden Tag einem anderen.

Immer noch darauf achten, daß möglichst viele Lieder mit Tanz und Bewegung durch dieselben Ausführenden begleitet werden: möglichst keine getrennten Gruppen bilden: spielende, singende, tanzende Kinder! Alle sollten alles können! Und hier eine Reihe solcher «Spiellieder», die besonders gut «bewegt», getanzt werden können:

# Ich klatsch' mit den Händen

*(Let everyone clap hands like me)*

Ich klatsch'mit den Hän - den im Takt, klipp, klapp, kommt
*Let eve - ry - one clap hands like me let*

al - le und macht es mir nach! Klipp, klapp! Spielt
*eve - ry - one clap hands like me. Come*

mit und seid lu - stig mit mir, (klipp, klapp) wir
*on and join in - to the game, you'll*

102

klat - schen im Takt al - le hier, klipp, klapp! Spielt klapp!
*find that it's al - ways the same, Come!*

2. Ich geh' mit den Füßen im Takt, tripp, trapp,
   kommt alle und macht es mir nach, tripp trapp!
   Spielt mit und seid lustig mit mir, tripp, trapp,
   Wir gehen im Takt alle hier, tripp, trapp!

3. Ich pfeif' mit den Lippen im Takt, hui, hui,
   kommt alle und macht es mir nach, hui, hui!
   Spielt mit und seid lustig mit mir, hui, hui,
   Wir pfeifen im Takt alle hier, hui, hui!

4. Ich lache laut lustig im Takt, ha ha,
   kommt alle und macht es mir nach, ha ha!
   Spielt mit und seid lustig mit mir, ha ha,
   wir lachen im Kreis alle hier, ha ha!

2. Let everyone whistle like me, (whistle)
   let everyone whistle like me, (whistle)
   come on and join into the game
   you'll find that it's always the same. (whistle)

3. Let everyone laugh like me. (laugh)

4. Let everyone sneeze like me. (sneeze)

5. Let everyone yawn like me. (yawn)

6. Let everyone do what he wants. (various sounds)

# Ritsch, ratsch
### (Tanz-und Spiellied)

*Fröhlich*

Schweiz

Ritsch, ratsch, fi - di - rul - la - la, fi - di - rul - la - la, la la!

Hei, so komm, sei nicht so dumm, sei nicht so dumm,

hei, so komm, wir tan - zen rings her - um!

Ein - mal hab'n wir uns ge - dreht ganz her - um im Kreis,
auf die and' - re Sei - te nun, auf die glei - che Weis'!

104

# Kehraus
## *(Schlußtanz)*

*Fröhlich*

Nun tan - zen wir den Kehr - aus, den Kehr - aus, den Kehr - aus, nun

tan - zen wir den Kehr - aus und al - le geh'n nach Haus! Nun

ma - chen wir für heu - te Schluß, der Spaß ein En - de ha - ben muß, drum

tan - zen wir den Kehr - aus, und al - le geh'n nach Haus!

# Leg deine Hand

*Froh bewegt*

Israel

Leg dei - ne Hand in mei- ne Hand und fang dich nun zu
dre - hen an. Komm, komm tanz mit mir,
bei - de Hän - de reich ich dir, reich ich dir!

# Russisches Volkslied
## *(als Spiel des Händeklatschens)*

*In ständiger Beschleunigung*

Das Lied beliebig oft wiederholen, bis der höchstmögliche Grad der Beschleunigung erreicht ist.

# Springlied

*Fröhlich*

Österreich

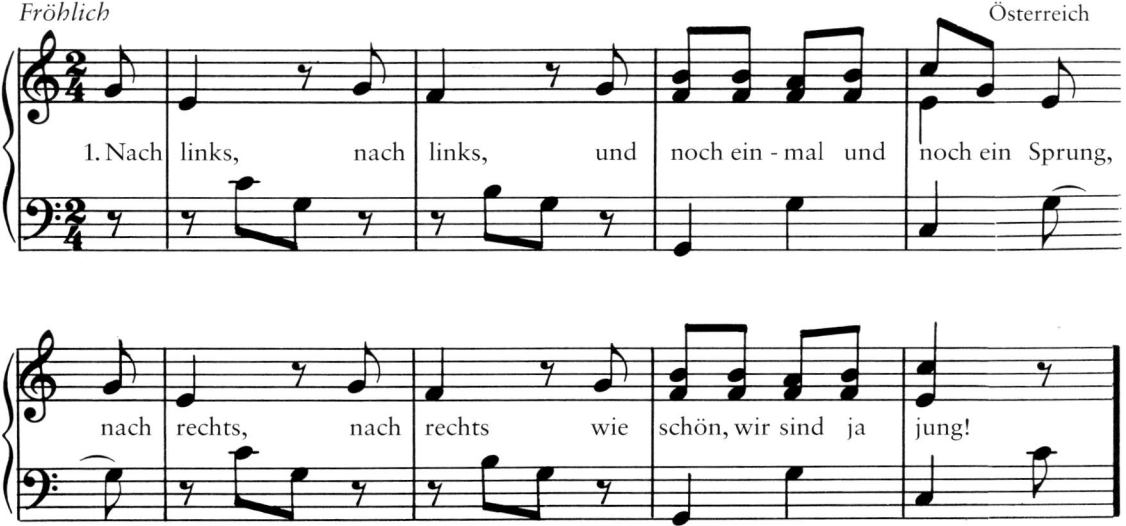

1. Nach links, nach links, und noch ein - mal und noch ein Sprung,
nach rechts, nach rechts wie schön, wir sind ja jung!

2. Hinauf, hinauf und noch einmal und noch ein Sprung,
hinab, hinab, wie schön, wir sind ja jung!

Viel Musik hören! Musik, die das Gefühl anspricht, dann aber auch solche, die den Vorstellungsraum des Kindes in irgendeine Richtung erweitern, schließlich solche, bei der das Kind nicht mehr nur mit dem Gehör lauscht, sondern unterschwellig zum ersten Mal seinen «Musikverstand» anzuwenden beginnt: die Töne erkennt, aus denen eine Melodie zusammengesetzt ist, merkt ob es sich um einen Zwei- oder Dreitakt handelt usw.

Das Wunderland der Musik ist unendlich. Und das Schönste an ihm ist vielleicht, daß jeder es auf seine ganz eigene Weise erleben kann. Jede von ihnen ist richtig, so lange sie dorthin führt, wohin jedes menschliche Streben führen soll: zur Bildung des Herzens, zur Schärfung der Sinne, zur Stärkung des Erlebens, zur Erkenntnis des Guten, zur Brüderschaft aller Menschen.